练就自由

开启
无限可能
的人生

刘畊宏　著

中信出版集团 | 北京

图书在版编目（CIP）数据

练就自由：开启无限可能的人生 / 刘畊宏著 . --
北京：中信出版社，2023.9
ISBN 978-7-5217-5872-6

I. ①练… II. ①刘… III. ①健身运动－基本知识
IV. ① G883

中国国家版本馆 CIP 数据核字（2023）第 126245 号

练就自由——开启无限可能的人生
著者：　　刘畊宏
出版发行：中信出版集团股份有限公司
　　　　　（北京市朝阳区东三环北路 27 号嘉铭中心　邮编　100020）
承印者：　北京中科印刷有限公司

开本：880mm×1230mm　1/16　　　印张：15　　　字数：200 千字
版次：2023 年 9 月第 1 版　　　　　印次：2023 年 9 月第 1 次印刷
书号：ISBN 978-7-5217-5872-6
定价：78.00 元

练就，自由

/ 方文山

　　健身界的大师畔宏同学，最近要出一本名叫《练就自由》的健身书，而我本人既不健身，也不减肥，怎么会来帮我们的畔宏大师推荐这本书呢？哦，原来是我与畔宏多年前的缘分。当时我有个小出版社"华人版图"，可以说有先见之明，早在二十多年前（2002 年）就出了《畔宏的健身书》，这也是我们出版社那几年间最畅销的一本书。因为我帮他出书的这个缘分，因为我深知他的书一定可以畅销，所以我来帮他写推荐序。

一路上看他把健身从兴趣变成事业，真的很衷心地祝福他。尤其畊宏大师正确的健身观念造福了很多人，诚如他书里面所讲的，真正的健康是适合自己的健身步骤和习惯，而不是刻意压抑欲望，一味地靠节食减肥。反而是在接受正确的健身观念，跟着书逐渐实践，并形成健身习惯的过程中，你才能达到减肥的目的。

　　最后我觉得他的书名《练就自由》，应该有一个逗点落在"练就"之后。也就是说，你照畊宏大师的规划去"练就"你的身体，身体就会感觉"自由"，身体自然而然就健康了，所以我认为他的书名应该是《练就，自由》。畊宏大师在书中教的不仅是练就健康的身体，也是要让你的人生更有活力与目标，成为更好更自由的自己，这本书真的值得大力推荐！

这本书能带给你什么

　　大概 20 年前，方文山在他创立的第一家出版社出版的第一本图书就是杰伦的《半岛铁盒》。而第二本书，是他找到我，希望能出一本关于健身的图书。当时市面上还没有知名教练或者艺人出版与健身有关的书，相关资讯也不多，他认为我是第一优选。当时我还没想过出书，工作也很繁忙，所以一开始并没有立马答应。

　　要知道，那时候网络远没有现在发达，健身的概念也没有现在这么普及，更没有现在遍地开花的健身房，就算有少数几家，也是从海外引进的一些品牌，健身相关的书籍更是少之又少。他认为，我已经教了不少人健身，还把健身的经验分享给了身边的很多朋友，包括很多艺人和公司同事，既然有那么多人都私下问我怎么健身，而我又一直重复回答不同的人同样的问题，那干吗不出本书说清楚呢。

因为同在演艺圈的关系，我以前常帮艺人或者业内朋友减脂或管理体重，让他们体形更好，肌肉线条更棒，一方面更方便上镜，另一方面有更好的身体素质与条件，以便在生活中也可以享受各种运动。通过一本书让读者了解我的健身方法，从而帮到更多想健身的人，让大家更容易地开始健身，并且不需要花费很多钱，这是当时其他传播方式替代不了的。既要帮助别人，又不用我一次又一次地靠口头重复表达，这也是我帮人健身的初衷。文山以这个理由说服了我，后来又拉来黄俊郎做编辑。

基于这个简单的想法，我出版了我的第一本健身书，所以第一本书的诞生其实是无心插柳。名字我们也就简单地用了《畔宏的健身书》。

没想到这本书一上市就非常畅销，加印再加印，我也上了许多节目去教导健身。来问我健身问题的人不但没有减少，反而越来越多，我收获了第一批信赖我，把我当作老师的读者。当时还引发了出健身书的风潮。

我还记得有一次在推广个人专辑《彩虹天堂》的活动上，有一位读者拿着一本超旧的《畔宏的健身书》找我签名。他第一次看这本书的时候还是一个小伙子，现在已经做爸爸了。他说是我带领他走进了健身世界，让他开始养成锻炼的习惯。其实有很多类似这样的情况。他们受到这本书的影响，才开始养成运动和健身的习惯，有些人甚至走上了专业健身之路，自己去做了健身教练。这让我认识到了这本书是非常有影响力的!

2013 年，我受央视（中国中央电视台）邀请参加《超级减肥王》节目，成为主教练。在节目录制期间，我帮助了很多 100 多公斤重的朋友减重，使他们恢复正常身材。我和他们每日相处，陪他们吃住，改变他们的生活，在 100 天的封闭训练期内，帮他们思考，让他们找到肥胖真正的原因和运动的动机。

后来我还带过《快乐男声》的学员做体能训练。每次节目结束后，我都发现他们需要的不仅仅是提升运动能力，他们更需要我多多鼓励。在压力下比赛，他们会有很多情绪上的变化，可能无法承受压力或内心感到难过，说出来反而是一种解脱，有些学员甚至会通过运动或在交流过程中让心理压力得到释放。其实很多人不想、不爱运动，不是因为运动本身多糟糕，而是出于其他的心理因素，比如一些不好的童年经历，来自父母、工作的压力，等等。所以他们会选择一些不健康的方式来调节自己的心情，或隐藏自己的烦恼，反而导致身心的状况越来越不好。

这些经历让我意识到，运动健身不仅可以帮助那些 100 多公斤的人减脂瘦身，而且可以让他们在其他方面同样得到改善。很多人的问题并不是身体上的，而是心理上的。心理层面的想法、观念改变才能真正带来行动上的改变。

我开始意识到健身这件事对一个人的人生真正的影响。

人们常说，21 天可以养成一个习惯。想要拥有真正健康的生活方式，一个 21 天也许不够，但健身几个 21 天，比如 100 天，就有可能了。倾听自己内心真实的想法，找到正确的动机并开始行动，就真的可以改变人的一生。

其实当时也有很多出版社找到我出专门的关于健身的书，比如"如何练出蜜桃臀""如何练出八块腹肌"，但我觉得那些都不是我想要的。当你看待健身这件事情时，不要只从减肥和塑造身材的角度出发，否则你可能在经历了这个过程，达到短期目标后，就不再坚持运动了。相反，健身应该成为你的生活习惯，成为你生活中的一部分。

健身不是天天去健身房举铁，或者天天吃水煮鸡胸肉，而是找到一种可持续的健康生活方式。

这是我出版第二本书《健身，就能改变人生》的原因。我想要告诉大家一条更宽广的路，一条更容易走的路。我想让大家最终都抵达自己想去的地方。

书籍有它的影响力，可以保存下来，可以影响更多的世代。书中的文字会产生真的影响，让想拥有健康人生的人明白我想传达的想法和观念。哪怕这么多年过去，还有人不断在找、在读我出版的第一本书。

来到新媒体和短视频的时代，在健身这个领域，我也做了很多尝试。2019 年，我开始在抖音上传我的第一个健身教学视频。到 2023 年，全网我已经有了过亿的粉丝量。而每周的几天晚间，都有无数的男孩女孩与我和 vivi 一起，在直播间"云健身"，跟随我们一起锻炼。

"腰间的肥油咔咔掉！人鱼线马甲线我想要！"都是大家再熟悉不过的口号。而《本草纲目》成了全世界最多人跳操的曲目。我的人生也发生了很多变化。

我从年轻到现在，只坚持做一件事，没想到在年过半百时才算是真的开花结果。这种事情是可能的吗？回忆起来，我有时候感觉很像一场梦。

从上一本书出版到现在，我也从 40 岁的成熟男人变成一个快 51 岁的"更成熟的男人"，从 2 个孩子的爸爸变成 3 个孩子的爸爸，也把家从台北搬到了上海。而从 17 岁开始到现在，我接触健身的时间，已经足足有 34 年之久！时光真是在飞逝啊！

这些年来，我和想要健身、想要健康的朋友之间有过太多的问与答。大家实在太好奇我如何在年龄不断增长、工作日益忙碌，同时还要兼顾家庭、陪伴家人，时间被瓜分得所剩无几的情况下，还能保持这样的体态，拥有健康且充满活力的身体。简直不可思议！

不过，每当我说出这么多年来，自己只是靠着持续运动和均衡饮食这个再简单不过的方式保养，大家总是一脸难以置信，没想到保持年轻的体态与健康活力的身材这么容易就可以做到。

从主持美食节目开始，喜欢上山下海到处发掘美食的我，就很喜欢和各处结交的新朋友一起开心聚餐、分享生活点滴。如果在这种开心的时刻，我还要跟朋友说"抱歉，我怕胖，所以不能大吃大喝"，然后眼巴巴地看着大伙儿大快朵颐，那岂不是很煞风景？重点是，用节食这种痛苦忍耐的方式减重，一定坚持不了太久，甚至会放弃减重计划，大吃大喝，比减肥前还重。因此节食减重不但效果不佳，还要让人忍受饥饿之苦，很不可取。

还有朋友经常跟我讲，可健身就是坚持不下来啊，每次去健身房做运动都觉得好枯燥，在跑步机上跑两天就烦了，换了很多种类的运动，但是每一个都没办法坚持下来。或者就跟我说："教练，我不要练了，真的好容易受伤，上次我跑了 5 公里，腿疼了两个礼拜！"

我相信，人人都有不同的理由。不过，不开始就永远不会有改变。让我引导你找到真的能让你坚持的动机，看见即将到来的美好生活降临在你身上。

无论你工作多么忙，还是说身兼数职，我相信，当你开始运动，你就会越来越了解自己的身体机能，再配合均衡的饮食和适当的休息，一定能越练越轻松，越练越标准，越练花的时间越少，身材还能越来越好！

借这本新书，我希望能利用 30 多年健身的经验和理念帮助更多读者跨过各种障碍，发掘自己的内在动机，找到新的态度和健康的生活方式。

健身可以坚定你的意志，打开你的视野，丰富你的人生，活络你的人际关系，从中塑造出领袖特质与能力，进而改变人生。我想这些才是通过运动带给大家的前所未有的体验。只要你跟着这本书教授你的观念与动作，一步一步做，你绝对能从中受益，拥有好身材、好的体能与美好的人生。

朋友们，"信心若没有行为是死的"！勇敢面对阻碍你们前进的各种问题。你们准备好了吗？

而我，作为刘教练，作为大家口里的"刘大饼"，将会一直陪着大家，诚挚地邀请你和我一起勇攀高峰，找到属于自己的内在动力，去发现藏在你身上的无限潜力！

从 1990 年拍第一部戏，1997 年加入第一个音乐组合，2006 年发布第一张专辑，2011 年第一次做爸爸……到现在我已经快 51 岁了，却感觉自己还很年轻，人生还有无限的可能。你呢？

目录

也许，
我天生就该
成为教练

1

不试，
你怎么知道
不行？

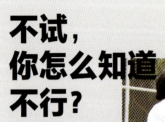

我不是帮你瘦身，
而是要救你的命

我想 60 岁还能陪孩子打篮球，
你呢？

以"减肥"为出发点，
你就已经"输"在起跑线

动起来，
何时开始永远都不迟

找到你内心的根本动力

2

练就自由

健身，
我的激情所在

用热爱抵御无聊和痛苦

越动越轻松，
越动越自由

不止于"画饼"的健身

健身是一场顶峰相会后的前行

3

4

5

也许，我天生就该成为教练

长期主义者的胜利：
人人都是小白，我也曾经是

我与全民健身：
长期主义者的胜利

《本草纲目》：
全世界最多人跳的操

第一节
长期主义者
的胜利：

人人都是小白，
我也曾经是

我出生在台湾省高雄市。我中学时功课并不好，初中三年没有好好读书，毕业后本来想直接工作。当时我的梦想就是买一辆摩托车，然后骑着摩托车去上班，下班后，再骑到篮球场与朋友们一起打球，然后吃晚餐，好好睡一觉，第二天继续上班，再找一个漂亮的女朋友，就完美了。这是我在初中时设定的人生梦想。

　　所以初中毕业后，我就去了加工厂打工。每天穿着制服去上班，在流水线上工作，中午休息时间就去吃饭，吃完回来继续工作。其实我在加工区的工作是锁螺丝。速度越快，我就越有成就感，但后来我发现这根本不是技术，甚至隔壁的大妈锁得比我还好。有一次，我在流水线上快要睡着，机器按下来都没有注意到，还好我反应快，但也差点把手指夹断。那一天从医院回家，我心里想，难道我的人生就真的要这样继续下去吗？

　　回到家之后我就告诉我妈妈，说："妈，我不想去加工厂工作了，我决定要读书了。"

我妈听完简直眼泪都要流出来，因为她从没想过我会主动要去读书。妈妈帮我缴了补习班的费用，让我补了一年课，后来我才能去参加升学考试。那时候我认识了一个同学，他在班上一直很活跃，很搞笑，相比之下，我在班上其实蛮内向的，并不突出。他提议我陪他去台北，一起考国光艺校。

那时的我是标准的"傻小子"，并不知道考艺校是怎么一回事。我跑到台北后，第一次没有和爸妈在一起，自己逛街。我在士林夜市买了一条海滩裤、一件背心，还有一副很便宜的墨镜，脚穿一双凉鞋就去考试了，艺校的老师见到我这副打扮都很惊讶。

去考艺校当然要涉及才艺考查和戏剧表演。当时老师问我会什么，我说会打篮球，但这又没办法当场表演，那么好吧，我说还会抖空竹。

老师说："抖来看看。"

"呃……空竹没带。"

老师又气又笑："没带你说来干吗？"

我那时候还很委屈地说："你问会什么，我就老实讲喽。"

我又说："我还会一点舞蹈。"

老师问："带音乐伴奏了吗？"

我说："没有。我自己哼吧。"

然后我就边哼《路易兄弟》，边跳起来。

我觉得自己是非常认真地在表演，老师却都笑疯了，觉得我好像很傻。最终老师觉得我还是有点表演天赋，外形也不错，就给我过了。我幸运地以倒数第一的名次考入戏剧科。

因为篮球打得好，我很快成为学校的风云人物，没人想到一所艺术学校还有人能飞起来扣篮。很帅气对吧？当时几乎每天我都会叫上一帮朋友去打篮球。其实我初中时篮球就打得很好，不过那时候个子很矮，还不到170厘米，但我每天都在球场上跑来跑去，早上早起，趁没人的时候勤加练习。我从不会上篮，到慢慢可以摸到篮板，再到后来可以抓住篮筐灌篮，都是勤加练习和体能进步的结果。我那时候就意识到，只要努力做下去，只要坚持到底，没有事情是做不到的。

1990年初，在老师的推荐下，正读高二的我出演了个人首部电视剧《佳家福》，开启了我的演艺生涯。

很快，我就遇到了一部影响我一生的戏。那是1992年，导演找我拍摄电视剧《缘》，这部剧可以说也是我开始健身的契机。当年我在剧组遇到了"展昭"，也就是何家劲大哥。空闲时，我们总会一起在片场打球。当时我的身形还很单薄，相比之下何大哥练得又黑又壮的，我站在他身边看起来就很弱，被剧组的朋友笑话好像"一只白斩鸡"，而且常常在打球时被撞飞。

我当时就想：健身有什么好处？为什么要健身？后来我发现，如果把身材练好，不仅很有男人味，而且能保持年轻的状态，即使年纪大了也可以演年轻的角色，演艺生命会更长。何家劲大哥当时扮演的角色比他实际年龄年轻十岁。

我的弹跳力很好，16岁就可以双手扣篮，但后来发现自己容易被撞飞，是因为我的上半身没有什么肌肉。我发觉想打好球，其实也需要健身，因为这样才能保护好自己。

之后我就开始琢磨健身的事。我觉得自己篮球打得蛮不错的，但

怎么样才能把打篮球和健身结合起来，拥有更好的运动表现力？训练的方式不同，得到的结果也不一样。

NBA（美国职业篮球联赛）球星里有一个例子，他叫卡尔·马龙（Karl Malone），是 NBA 球员里最早一批开始专业健身的人之一。他的天赋条件，在高手云集的 NBA 里并不显得特别出色。但他打球超级猛，力量、爆发力、移动能力都特别好，身高比他高的中锋都挺怕他的。我意识到，各种运动、健身，是可以综合在一起的，打球不是单纯靠一些技巧，也不是简单地靠某一块肌肉，而是通过全身性锻炼，让运动表现力得以提升。

那时是 20 世纪 90 年代，像样的健身房还不多，即便有，也是有氧课教室，几乎没有力量训练，更没有多少专业教练。

我觉得学习健身要有一定的系统性，首先要了解一些基础知识，弄清楚原理，然后去实践，这样效果会更好。所以我当时一头扎进图书馆研究资料，看了我能找到的所有的专业书籍，来了解人体肌肉与构造的知识，再利用这些知识摸索适合自己的健身方法。当时中文的资料还比较有限，我经常要自己似懂非懂地尝试翻译，看着动作示意图去研究，希望看出些端倪。我一开始还去买国外的健身杂志，对照着杂志上那些肌肉男的线条猛练，尤其是强化腹肌，又去做很多滚轮猛推动作，前前后后了有 4 年多，边摸索边练边调整，后来才开始去所谓的健身房，用大型器械训练。

我 20 多岁的时候，武打片非常流行，我很想成为武打片演员，所以在之前的健身基础之上，又跑去学了武术，南拳、耍棍、翻跟头，统统要学。虽说最后我也没有做成武打片演员，但学习这些东西，再加上一直以来的健身习惯，让我的状态和身形都保持得很棒。

我并不是大家口中的"天生好体质"，不用运动也不会胖。看国际上许多杰出的运动员就能够知道，连迈克尔·乔丹退役后都变胖。之所以拥有好体质和标准体态，是因为我一直以来默默地保持着健康的生活作息和运动方式。只是许多人没看到在此之前我的努力和坚持，才会误以为我特别幸运，不用勤跑健身房就能有好身材。事实上，我的身材绝对不是凭空而来的。

这些摸索和学习，一开始就持续了 30 多年。我可以说是自学成才，不仅自己练出了八块腹肌，还经常带动身边的朋友一起运动，如今深受很多朋友，甚至是素不相识的男孩们、女孩们的信赖。当我与别人谈论这些事情时，我会说训练和健身其实很简单，是因为我希望大家更容易进入这个领域，而不是一开始就觉得非常辛苦，觉得自己不适合，没希望。只要循序渐进就会熟能生巧。

很多人都愿意来问我，到底是怎么练的。这其实是两个层面的问题。首先，我必须保证我教给你的东西是对的；其次，我必须保证我教给你的东西是我验证过有效的。

我的健身之路基本上是我自己一步步摸索出来的，这些知识是在不断锻炼、不断调整的过程中积累下来的。我帮助许多身边的朋友，帮助许多 100 公斤以上的人瘦身成功，我帮明星进行健身训练，拍过各种健身短视频，知道什么样的训练方法更适合大家；又因为我自己是音乐人，所以健身时会选择更加合适的音乐，让大家自然而然想要动起来。这些知识时常有更新迭代。很多人信任我，促使我去学习更多，看更多的资料来了解，所以有关健身的知识，在我身上就形成了一种良性循环。我也时时刻刻都在不断更新自己的知识，希望把科学、专业的东西分享给大家。

最近有很多在网上"畔练"了一年后来找我"批作业"的网友，他们中很多人的改变是由内而外的，变得更健康、更快乐，好身材只是附加价值。"你一定要坚持下去"这种口号谁不会喊？我真正要做的是帮助大家找到坚持下去的内在动机和理由。从快乐的运动切入，最终获得健康幸福的人生。

我想强调的自律并不只是口号，而是通过给自己制定规则来实现的。很多人一直在喊自律很重要，但我要告诉你，仅仅追求自律会给你带来焦虑。自律不应该成为你的焦虑来源，你必须找到内在的动机和理由去做运动，只有这样你才能真正做到。如果没有这个动机，自律就变成了一种规定，当无法做到时，你会持续感到焦虑。你需要看到你是哪一类人，了解自己的优劣势，调整好自己的步伐，然后逐渐改变你的生活方式，从而实现自由。

我会通过这本书引导大家去思考，去找到属于自己的健康生活方式，去看到它即将带来的改变。不然全民健身反而变成全民焦虑，对人们的生活和健康产生更多负面影响。每个人都在讲口号，却不知道自己为何而自律。

身为教练，我关心的是学员们的需求，我想要带大家看到健康的好处，告诉大家可以有各种各样的梦想和可能性，并把这种信念延续到日常生活中去，就算锻炼时间有限，但有这个信念在，你就有勇气来开始和坚持下去，最终拿回对身体、对人生的主导权，练就自由。

第二节
我与全民健身：

长期主义者的
胜利

回忆起在抖音爆红的过程，我至今仍感到非常梦幻。

我在抖音上做健身相关的视频已经好几年了。当时的公司建议我在抖音上开拓市场，于是我开始积极地在抖音上发布内容。我记得第一次在抖音直播时，我的女儿小泡芙陪我一起上线，虽然不记得粉丝增加了多少，但我想要在这个平台发布一些与健身相关的视频，包括跳操和其他形式的锻炼，这才是我最有竞争力的地方。

我也积极尝试了，但当时并没有制作出什么爆火的视频。

我一直注重教学细节，因此我所教授的健身动作虽然不是特别高难度的，但依然十分具有实用性。后来我想的是要设计更有难度的动作组合，并与其他教练合作，创造最新的、最厉害的、最不同的训练方法和动作，看看能不能有更好的流量。不过，当时我单纯地认为应该展示一些炫技的动作给大家看，引起大家的注意，而没有注意到大家是不是真的能在过程中都有成长，有没有大的突破。实际上，很多新媒体领域的人士跟我交流时都说过，以我过去的经历，我应该有机会成为一个非常成功的健身博主。但如何去做？没有人能给我一个正确的答案。在抖音上，我看了一些有数百万甚至上千万粉丝的博主，专业的、非专业的都有，用不同的方式在教大家健身。这些年来，我也一直在新媒体平台上尝试了很多，但还是没有太大的突破和成果。因此，我认为我需要学习抖音运营的逻辑，包括如何运营我自己的其他新媒体账号。

之前我总是奔波于各地，在北京、上海都短暂租过房子住。在北京时，我还和言承旭一起租过房子，但都未考虑全家定居。

几年前，vivi提出了全家搬到上海住的这个想法，我并没有同意。我认为上海是一个很好的地方，可以去玩，但人生地不熟，住在那里会有很多麻烦的事情。在台北，我拥有广泛的人脉，无论要去医院、学校，还是逛各式各样的商店，我都很熟。我很喜欢交朋友，与各行各业的人都有交集。此外，由于热爱健身，从事各项运动，我很容易交到各行各业的朋友。各种餐厅、各种运动场地，包括篮球场和健身房，我也都很熟悉，因为我已经在这个环境中度过了几十年。所以要让我搬到一个陌生的地方，我会有一些担忧，会感到很不适应，因为那里的很多事情都是未知的，很多都是我无法很好地安排的。

我看到新媒体平台的不断成长，这让我觉得有可能借此机会发挥我的作用。我一直想通过新媒体来扩大自己的影响，但似乎总是无法实现这一目标。我不知道为什么，虽然我并没有收到任何公司、节目和活动的邀约，甚至和之前公司的合作也已经结束，但很奇妙的是我仍然觉得我必须来到上海，把握住新媒体发展的机会，同时我还有一种强烈的使命感，要开启直播健身，把健康理念传递给更多人。

在来上海之前，我一直认为我能够在这个城市实现更大的梦想。我之前的新媒体运营并不是一个非常成功的商业案例，但我的梦想还是促使我离开了自己的舒适区。跨出这一步，对我来说，需要很大的勇气。

起初我想着做好一些准备，等过一段时间再来，毕竟上海的生活还有很多未知，但每天我都被内心的一股冲动催促着赶快动身。经过家庭会议的讨论，我决定先只身前往上海，把老婆、孩子留在台北，看看情况再决定他们是否过来。

当时隔离完后，我在上海住在酒店里，酒店房间的窗户光线不好，地方太小，我根本没办法做直播或者运动。于是我借了朋友家的楼顶，开始了我的第一次跳操直播。

朋友的老婆当时也正在进行产后身材恢复的训练，所以我便邀请他老婆和我一起跳操，他就顺便帮我做一下场务。当时我还没有固定的直播时间，但都是选在早上有光的时候。有时我去朋友家时，他都还没有起床。上午直播，下午健身，晚上打篮球，再约朋友吃吃饭，成为那个时期我的生活常态。

同时，我不断调整我的直播节奏，不断打磨自己的直播内容。在直播跳操的过程中，我会自己挑选音乐，选的都是那种让人听了就很开心、很有活力的音乐，也尝试了很多不一样的训练动作。其中一些是静止的训练动作，还有一些需要趴在地上完成的动作。尝试过很多方式之后，我发现徒手、站姿的健身操对普通人来说更加容易被接受，我也能很好地和线上的朋友们互动。所以我开始研发更多站姿的操来带领大家跳。慢慢地，我开始形成自己的风格，直播间的人数也在不断增加，从几千人，到一两万人，我收到了很多友好的回复，越做越开心，因此更加努力做直播，带大家运动。每次直播后我都感到充实和满足。

尽管那段时间没有从直播中赚到任何钱，但我还是很开心。我朋友也很开心，因为他和他老婆一起跟我跳操，身材变好了，他们俩的生活方式也发生了好的改变。

那个时候直播带货刚刚兴起，有一些公司来找我谈直播带货，但这些合作最终都没有谈成。因为我的原则是不卖一些我自己都不会用、不会吃的东西。比如不健康的零食，或者含有很多化学添加剂的食品。但这个原则与直播带货的逻辑和流量规则背道而驰。这样一来，这些公司觉得我的直播可以带货的选择面太窄，而且当时的账号粉丝也不够多，因此在这些事情上，我与这些公司之间一直很难达成共识。我的健康原则让我变得很"事多"，甚至我的朋友也劝我："你可以先卖一些别人都在卖的、很火的东西，等你火了再卖你想卖的东西吧。"意思也是提醒我，如果你现在还不够红，你就不适合提出太多要求。

有时候，生活确实没办法如你所愿。我的经纪人有点失望，因为每一家公司跟我合作的时候都觉得我很有机会把直播做好，但在最后时刻还是因为我个人的原则没能达成合作。

虽然我在上海的生活很丰富，很自由自在，但是老婆、孩子不在身边，我的心里还是觉得不踏实。我打电话给我老婆，告诉她我很希望他们能尽快搬到上海。她问我工作上的事情是否都已经谈好了，我回答还没有。她又问我是否已经接到一些活动或者节目的邀约，开始赚钱了。我回答目前也还没有。她说："那我们怎么去？"她希望我算一下我们一家在上海的生活费用，因为我们有三个孩子需要照顾，他们需要上学，这真的不是一笔小费用。她有点犹豫，问我是否至少应该等工作稳定点，或者能赚到一些钱，他们再过来。毕竟她在台北不需要付房租，而且孩子们学习方面的事情也都安排得很好。但我告诉她，我非常需要他们来，虽然朋友们都羡慕我婚后还能有这种"伪单身"生活，我自己却觉得家里没有他们，我的动力就会少一些！这些年来，我从未离开家人这么久，之前最长的一次不过15天。现在和家人分开已经一两个月了，我非常想念他们。

但vivi似乎还是有些犹豫。

最后，我告诉她，请她相信我，我一定会有办法养活他们的，我觉得这是我作为男人应该有的担当和责任感。虽然我在短视频平台可能无法马上成功赚到钱，但是我在这个圈子里已经很多年了。我相信我一定可以通过其他方式或做什么工作赚钱养家，只要他们来。有家人在一起，我就会更有力量。

她让我再给她一点时间，她一个人一边要整理行李，一边要处理小孩的功课，照顾他们的生活，还要处理房子出租和卖车的事情，真的忙得不可开交。但至少她愿意开始预备搬来上海。

感恩一切，后来各种事情都进行得很顺利，最终她决定在我生日时给我一个惊喜，那就是带孩子们来上海找我。这份生日礼物真是太棒了。我们全家终于团聚了。

我朋友还开玩笑说我的"伪单身"日子结束了，以后不能自由自在了。但我真的非常高兴，因为我们一家人在一起对我来说太重要了。他们的到来让我信心倍增，以后我更要全力以赴，毫无退路可言。

我们一家在上海的生活差不多安定下来以后，有一天，我带我老

直播间

婆去健身房运动。

她问："你怎么都没有在直播？"

我说："因为你们来了，所以要先安顿你们的生活。"

她提议说："要不然我们一起直播试试看？"

她也想看看直播到底是怎么样的，于是我们一起直播了三四十分钟健身。虽然已经好几个礼拜没播了，但在那次直播中，我和她之间非常默契，两个人一起非常轻松，也非常开心。

回到家里，我和老婆商量后决定这件事一定要坚持做下去，哪怕短时间内没有回报。她和我的同事们都觉得我应该把开播的时间固定下来，这样可以让大家更好地参与我们的直播。我这个人其实最不喜欢时间被固定的感觉，做艺人就是因为我希望有更多自由的时间。尽管我想保持自由，但我也意识到，老婆孩子来了，我需要更加稳定的工作，这也是我目前能做，而且该做好的事情。

我老婆看我有点犹豫，就说："那我陪你一起直播好了，你可以固定下来吗？"我老婆在健身这件事上，总是三分钟热度。我之前常常念叨着让她坚持健身，她总是有不练的理由。现在她倒主动提出和我一起健身，我立马答应了，我就想看看她到底能坚持多久。

早上，我们先把孩子们安排好，送他们到学校，之后就开始准备直播。我们配合得越来越好，整个过程也变得非常有意思。最关键的是，我现在叫她健身可以不用看她的脸色了。哈哈！以前我让她健身时，都要看她的脸色，要增加运动量时，她就说很累，臭着脸，或者赖着不肯练，有时我还要被骂两句，但是现在我可以随心所欲地催她运动了，毕竟是她说要坚持和我一起直播的！

练就自由

我们就这样坚持直播，在这个过程中签了新公司。直播时间也固定下来，每周五次，早九点到十点半，在线上陪伴大家。起初在线观看量涨得很慢，但随着时间的推移，观看人数开始逐渐上涨，达到2万、3万，甚至4万或5万。新公司的同事认为我们做得不错，建议我们做一些设备的升级，就是加点灯光、收音麦克风等。因为后来那段时间，大家都只能各自待在自己的家里，没有人可以过来帮忙处理家里的事情，没有人可以帮忙制作短视频，我只能自己拿着手机拍摄，或者和家人互相拍摄。我们只能靠自己完成所有内容，包括制作鼓舞人心的短视频，不断编操、跳操等。我逐渐调整时间，开始尝试晚上做直播。

　　后来，同时在线人数慢慢到了10万，甚至超过10万，而关注人数也在逐渐增加，每次增加六七万、七八万，到了"羽绒服跳操"和《本草纲目》健身操，我的直播间迎来了平台同时在线人数的最高纪录，并开启了全民跳操的热潮。

　　到今天，我们设计了更合理的开播时间，也培养了"毗练团"的教练们开始直播，搭配了更多元的运动组合，在带领大家拥有更健康的生活方式的路上不断前行。

　　我火了，事业达到了高峰，得到了很多人的关注，也取得了一定的成绩，有了一定的影响力，但我认为这才是一个新的开始。在这个过程中，因为使命感和责任感，我的压力其实是非常大的。我需要不断思考下一步该怎么走，因为树大招风，我也遭到了许多莫名的攻击。但我始终相信，要坚持做对的事！

　　疫情封控期间，大家的心情其实都很低落。很多人看过直播后，都发信息给我，告诉我他们看了直播之后的想法，以及跳操之后的改

变。在那段压抑的日子里，在家中看跳操直播也许是他们一天中最放松的时刻。来信的人中各行各业的都有，有医生、护士、教师、消防员、工人、学生……有很多感人的事情一直激励着我和 vivi，有时我们会为此落泪。我们感恩，也希望我们在带给大家健康的同时，能让大家心情更好，甚至对未来的人生充满着希望。

我一直期待自己能在健康领域更有影响力，但没想过会发展成今天这样，所以更要好好地珍惜这个机会。那段时间，我和我的团队也收到了很多商务合作邀约，但当时我们能在家里做的事情真的很有限，我们既要准备好每日直播的内容，也要在社交平台上为大家"批作业"，还要安排好孩子们在家的网课，盯紧他们的学习。所以我觉得很难完成客户和公司的要求。我和公司讨论后，决定暂时不接受任何商务合作和广告。对公司来讲，可能会损失许多收入。但公司最终还是答应了我的要求，让我能够在那个时期更专心地带大家跳操。

现在想想，封控期间许多人都产生了情绪上的不良反应，心理状况堪忧，很多一线的工作人员也没能回家，但是为了整个社会的安全，他们选择坚守岗位。那个时候我认为我的工作是非常重要的，我希望通过直播向观众传达一些积极的生活态度和价值观，并最终带动全民健身，掀起健康生活的风潮。这是我的使命，也是我的责任，直到现在还是一样。人有灵性，我们的心灵会交错，会产生共鸣，会产生火花。

在解封后，我才终于在上海与我的团队见面。我告诉我的团队先把名利放在一旁，全心全意把直播内容做好，这才是最重要的事情，我们在此刻应该是有共鸣、有默契的。

对我来说，这段爆火的经历，变成了我肩负的使命和责任。我的生活并不需要太多的花费，平时就是打篮球、和朋友一起吃饭、健身。教我朋友健身时，我也不收费，他们就开玩笑说："你教我健身，我请你吃饭。"我跟朋友一起打篮球也很开心，一周能去四五次不同的场地。我时常骑单车在上海溜达溜达，从市区骑到外滩大约20公里。这些生活经历都很棒。我在这个圈子很久了，就算没有爆火，我对我的生活也很感恩、很满足，简单就好，对物质并没有太多的需求。

从前我女儿曾问我，为什么别人的停车库有瀑布和冷气，而我们的停车场不仅有蚊子还很小，每个月还要花钱抽签换车位。

我问她："那你是希望爸爸多出去赚钱，还是多在家陪你们呢？"

她说："那我当然是希望你能多陪我们啦！"

我说："我也觉得每天都能和你们在一起是非常棒的事情。"

我们家虽然不大，但是很舒适，即使有几个房间，每天晚上孩子们还是喜欢跟我和vivi挤在一个房间里睡觉。我的老婆和孩子都在我身边，所以我对生活条件和我的家庭其实很容易满足。

我时常向我的孩子们传递正确的价值观。我想告诉他们，要看到自己的优点，发挥自己的潜力，不要只羡慕别人拥有的东西，因为这些东西背后可能都需要付出很多代价。而那些代价有可能是最值得你珍惜的人、事、物！要想清楚后再决定，不要盲目去追求。

回头看当时的情况，也许有些人认为我推掉商务合作会损失很多，但很多事情无法用金钱来衡量，我当时只是全身心地投入一件事情。过去我也有很多失败的经历，但那都是我学到的人生功课。这些经历都帮助我们拓展了我们的视野，在观念、心态上让我们成长更多，没有白费白走的路。

第三节
《本草纲目》:

全世界最多人跳的操

《本草纲目》健身操成为我们直播间主打的基础操之后，周杰伦经常还打趣我："这到底是你的歌，还是我的歌？怎么大家想起《本草纲目》想到的都是你的操？"

　　说起这个操，其实也有很多年的历史了。之前我在大连做服装品牌时，有一天路过广场，看到很多人在踢彩色的羽毛毽子，我觉得很好玩，就也买来踢。大连的天气比较凉爽，晚上的温度比较低，我和vivi两个人一起踢着玩，还踢到满身是汗。因为之前学过武术，所以我发现踢毽子的动作灵活度很不错，有和武术相似的地方，但玩起来很容易上手，能达到运动的效果，帮助大家练到不容易运动到的肌肉群，时间久了，腰侧的肌肉线条慢慢也就出来了。后来我还买了一些带回台北，和朋友们一起踢。男男女女一起，除了围成一圈踢，还有小型的比赛，玩得非常开心。我在教大家玩的时候，毽子操的雏形慢慢就出来了，我后来在《超级减肥王》的节目中，还制作了一个短视频教这个操，当时就用了杰伦的《本草纲目》。

其实在不断编操的过程中，我总结了一些适用于大多数人的基础原则。

首先，我发现对很多人来说，跪地以及用手扶地的动作很不方便。很多人因为心理因素的关系，不想用手去碰触地面，或者懒得再单独准备垫子。健身操中有很多需要手碰地的动作，无疑会增加大家的心理接受难度。别小看这一点点心理因素，它很有可能就是阻碍你动起来的重要原因之一。所以我开始有意识地设计很多站姿的运动操、搏击操。

其次，我发现对于健身新手来说，徒手是最好的方式。很多人都会盲目地使用很多大型健身器械，其实在养成良好的运动习惯之前完全没必要。一个新手，有时都还无法完成一个标准的俯卧撑，却先找大器材练一些胸推动作，真的是本末倒置。徒手健身更适合新手。

最后，我观察其他直播间时，注意到很多教练在教授内容时可能缺乏健身动力学的知识，只是简单地做一些动作，动一动，并不能很好地达到健身的效果，也无法调动各部位的肌群。

虽然我之前有很多成功帮别人瘦身的案例，但有一些是极端情况，比如帮一个超级肥胖者 100 天快速减重。但现在我面对的是大众，就需要去了解形形色色的大众的健身需求。认真思考了上面这些情况，我决定采用音乐和健身操结合的方式，帮助人们轻松进行健身训练，同时整个健身过程要包括热身和拉伸等动作。

在我看来，不使用任何器械，采用站姿，心情愉悦地完成全身动作的健身，甚至让人感觉不到时间的流逝。但如果只是简单的跳操这种有氧运动，可能还无法真正训练到肌肉群。因此，我会在其中再添加一些健身动力学的元素，例如深蹲和手臂动作，以便练到不同的肌肉群。同时，我还借鉴了自己多年的舞蹈和武术经验，将其融入教学内容，让健身操变得更加有趣，也更能达到锻炼的目的。

在编操的过程中，我还仔细分析了其他线上健身操、健身舞蹈或者健身训练的劣势所在，比如缺乏健身动力学的科学指导、缺少趣味性、难以坚持等问题，力求在我的健身操里避开这些问题。

我知道舞蹈动作如何展现美感，因此将舞蹈转化为符合健身动力学的形式。虽然舞蹈教学和广场舞等有其优点，但因缺乏健身动力学知识的支撑，长此以往可能增加受伤的风险。

以嘻哈舞为例，其中一个动作是往前蹲下，看起来似乎没有问题，但将其变成健身动作时，问题就出现了。因为在这个过程中，膝盖会过度向前倾斜。跳一首歌可能要重复这个动作50次甚至更多，第一天或许没事，但时间久了，过度运动会给膝盖带来损耗。

同样，为什么有些爱跳广场舞的阿姨在跳某些舞蹈时，刚开始可能没问题，但到后来会感到疼痛或不适。原因就在于动作的安排不平衡，比如她们过多地完成了相似的内旋动作，但缺乏外旋动作，导致肩膀最终出问题。

之所以在健身操中会出现这些问题，归根结底就是运动设计和组合的问题。

又比如，在大多数健身操中，我们最常见到的一个动作是双腿开合跳，单腿跳却很少见。我不明白为什么不尝试单腿开合跳。也许大家只是习惯了已有的方式，一点点改变都不愿尝试。但单腿开合跳除了锻炼肌肉力量，实际上还可以提高平衡能力。

我发现很多健身博主只是简单地模仿动作，要求大家照做，但并不了解这些动作的目的和相关的肌肉运动原理。很多人跟着练了，却觉得练习效果不好，其实就是因为在编排这些操的时候，他们并没有考虑到我们目前的生活状态和个人的具体情况，只是做一些局部踢腿之类的动作，想强调某些动作对健身有益。

而我编操的理念是一定要考虑到普通人的日常活动，不仅考虑成年人，甚至考虑到小孩子们需要加强锻炼的背部肌肉群，希望可以通过简单的音乐和动作让大家轻松上手。

通过整合武术、舞蹈和音乐等多种元素，我能够为大家提供更综合、更科学的锻炼动作。我了解从头到脚、从核心到四肢每个动作的训练要点，并将其融入教学中。这些经验和技巧让我能够将舞蹈动作转化为更有效果的健身动作，使健身更有趣的同时又能保证安全。这也是我学习各种技能的用武之地吧。当初我学习中国功夫是为了拍武打电影，但并没有如愿成为武打明星。我学习舞蹈是因为想成为唱跳歌手，但最后也没有实现这个梦想。又想成为音乐创作者，但最后也没有持续从事音乐创作方面的工作。然而，这些经历都没有白费，因为最终我成了一个可以服务更多人的健身教练。

所以，这就是《本草纲目》健身操诞生的基础，也是我这么多年思考的呈现。

我的跳操动作的变化也在于此，而不仅仅是随便听音乐编排一套操。编操应该有一个内在的逻辑，但是普通的教练往往忽视了这一点。他们只是随意组合动作，或者按照音乐的节拍来编入动作，并没有考虑下一个动作应该是什么，动作的连贯性在哪里。这种方式是否

合理呢？大多数教练都这样做，但是也不能怪他们，因为绝大多数懂健身的人可能不懂舞蹈，懂舞蹈的人可能不懂健身，既懂健身又懂舞蹈的人不懂中国功夫。所以他们自己没办法去创造新的动作。

因此，在进行编排时，我希望每一次跳操都能给人留下深刻的印象。

第一个原则是：**动作简单，循序渐进。**

《本草纲目》一开始就四个动作：盘踢腿拍脚、提膝拍脚、侧踢拍脚、后踢拍脚。配合《本草纲目》的音乐节奏，只需要做几组就能出汗。

编排动作时，如果一个动作与下一个动作之间没有关联，只是突然间要做某个动作，或者只是根据歌曲的节奏把动作拼凑起来，感觉就会怪怪的。如果动作的难易程度相差太大，做起来就会很费力，不成体系。所以动作不要复杂，而且动作和动作之间要有联系，大家才跟得上，做得对。

第二个原则是：**运动全面，动作标准。**

下面是《本草纲目》健身操的动作拆解。

第一个动作：盘踢腿拍脚。将腿部往身体内侧盘并抬起，尽量抬高位置，然后用手拍脚背侧面，并左右交替，动作要领是上半身一定要保持直立、身体核心收紧，不能偷懒弯腰。

第二个动作：提膝拍脚。把自己的手想象成毽子，将腿部弯曲90度向上抬起，再用手掌拍打膝盖，这个动作可以很好地让下腹用力。记得动作一定要配合舞曲节奏，这样做起来更有劲。

第三个动作：侧踢拍脚。平常侧边腹肌没怎么锻炼到的各位，这套动作必须学起来！双手放在身体两侧，将右脚向外勾，右手拍击脚踝，这个动作幅度可以大一些，并左右交替练习。

最后一组动作：后踢拍脚。双手放于腰间两侧，先将右脚向后勾，让左手拍右脚底，换左脚向后勾，右手拍左脚底板，两边交替练习。

很多人不了解为什么一定要按照特定的方式做动作，所以随意地模仿，松松垮垮地跳，以为也能达到健身效果。实际上，真正的动作要求如我前面所说：不仅要挺胸抬头，还要身体转动到位。因此，这些动作其实相当耗费体力。有些人可能会说："我做了很久，却没有流汗。"事实上，你如果动作标准，肯定会出汗的。

我曾经面对面带一群"毽宏女孩"跳操，发现她们跳了这么久，有些动作还是不太标准。所以我很爱给网友们"批作业"，就想看看大家的动作到底是不是准确、到位。我也好在直播中提醒大家会出现的问题。我建议大家下次再跳《本草纲目》健身操的时候，可以对着镜子仔细观察一下自己的动作。不要怕羞，只有动作真的到位了，效果才会加倍！

第三个原则是：欢乐有趣，不枯燥。

在每一次编操时，我不想使用那些人们已经熟悉的常规动作。我想要创造出与众不同的东西，我会调整一些舞蹈动作，使其符合健身动力学，让健身训练的动作可以与音乐的节奏融合起来，让大家跳起来很顺畅，可以持续地跳下去。我之前学过舞蹈，练过武术，还学过传统戏剧的身段和翻筋斗，加上多年的健身经历和教学经验，还有对各项运动的爱好，造成了我有别于一般教练的脑袋瓜子和运动上的创意。

可以让音乐与健身训练和动作契合，这样让人感觉好像音乐本身

《本草纲目》健身操

1

盘踢腿拍脚

将腿部往身体内侧盘并抬起，尽量抬高位置，然后用手拍脚背侧面，并左右交替，动作要领是上半身一定要保持直立、身体核心收紧，不能偷懒弯腰。

2

提膝拍脚

把自己的手想象成毽子，将腿部弯曲 90 度向上抬起，再用手掌拍打膝盖，这个动作可以很好地雕塑人鱼线，不过记得动作一定要配上舞曲节奏。

练就自由

3

侧踢拍脚

平常侧边腹肌没怎么锻炼到的各位，这套动作必须学起来！双手放在身体两侧，将右脚向外勾，右手拍击脚踝，这个动作幅度可以大一些，并左右交替练习。

4

后踢拍脚

后踢拍脚。双手放于腰间两侧，先将右脚向后勾，让左手拍右脚底，换左脚向后勾，右手拍左脚底板，两边交替练习。

就是为了跳这个动作而存在的，既听了歌，又健了身。

我使用了很多周杰伦的歌曲来编操，除了他是我的好友，也因为他的曲风多样，有很多不同主题的歌，所以对我来说他的歌曲很适合跳操。我会配上不同的音乐和情境，以改变人们的心情和感觉。但这种搭配其实并没那么容易实现，因为要同时考虑内容、节奏，还有动作的连贯性。

《本草纲目》健身操后来也经历了升级，增加了稳定身体核心的臀腿动作，更加"劲爽"，就是不希望大家练得枯燥。练过的可能也深有体会。如果大家有其他喜欢的跳操歌曲，也欢迎到社交平台上推荐给我。

健身不是
天天去健身房举铁，
或者
天天吃水煮鸡胸肉，

而是找到
一种可持续的
健康生活方式。

我希望
能利用 30 多年健身的
经验和理念
帮助更多读者
跨过各种障碍，

发掘自己的内在动机，
找到新的态度和健康的
生活方式。

在我看来，
不使用
任何器械，
采用站姿，

心情愉悦地
完成全身动作的健身，
甚至让人
感觉不到时间的流逝。

你们可不要小瞧
树立人生原则的重要性。
很多事情，

今天破坏一点，
妥协一点，
明天就会有
更多的漏洞需要去补，
更多的身体债需要去还。

不试，
你怎么知道
不行？

我不是帮你瘦身，
而是要救你的命

我想 60 岁还能陪孩子打篮球，
你呢？

以"减肥"为出发点，
你就已经"输"在起跑线

动起来，
何时开始永远都不迟

找到你内心的根本动力

第一节
我不是
帮你瘦身，

而是要救
你的命

在外人看来，今天的我很自律，身材保持得很好，生活习惯也很健康。但我也不是一开始就是今天这样的。其实年轻时也疯狂过。

读高中时，我离开家乡到台北念书，远离了父母的我，人生地不熟，一个人住在外面，只能靠着同学和朋友，慢慢地去寻找自己在社会和学校中生存的方式。我和所有年轻人一样，熬夜喝酒，吃夜宵。可乐汽水盐酥鸡，什么都来。当时年轻，什么也不懂，什么都不怕，根本不知道什么才是健康的生活方式。

我小时候就很喜欢在户外活动，爬山下水，每天都要出去动一动，跑一跑，爬一爬，玩这个，玩那个，到了初中又打篮球，所以我有养成一个比较好的运动习惯。我爱玩，也爱运动，后来因为在体能和运动竞技方面的好胜心，慢慢懂得如何调整自己的生活习惯，那都不是一朝一夕的改变，而是一年又一年的觉悟与体会，让我变成现在这样。

工作后，餐桌上的人情世故，酒桌上的文化，大家都逃不开，但随着年龄的增长，我们应该找到自己的属性和该坚持的原则。这是我想奉劝大家的。若想赢得别人的尊重，就要拿出对事情该有的态度和坚持。也许你会因此失掉一些朋友，也许会损失一些生意，但有失必有得，时间会证明一切。

你们可不要小瞧树立人生原则的重要性。很多事情，今天破坏一点，妥协一点，明天就会有更多的漏洞需要去补，更多的身体债需要去还。

我很庆幸我在很年轻的时候就明白了贯穿一生的人生原则，我进入演艺圈后，常约朋友们一起打篮球、健身、爬山、骑单车，去尝试各种各样的运动，而不是在酒吧夜店里拼酒拼到烂醉。因而我也结交了许多爱运动的艺人，和他们成了很好的朋友。虽然偶尔也会小酌助兴，但我还是劝大家饮酒一定要适量，运动更是不能少。不是不能喝酒谈生意，而是怎么去平衡自己的生活，也不要把酒局、工作，当作不能拥有健康生活的借口。

我常常看到，我的朋友在 20 多岁时很放纵地喝酒，但到 30 多岁酒量越来越差，身体也越来越不好，接下来又饮酒过量，住几次院之后身体更是元气大伤。这可不是我以身边的案例危言耸听，我专门读过相关研究的论文，研究数据显示，长期饮酒可以导致男性睾酮水平下降，从而影响睾丸功能，导致勃起功能障碍和性欲下降等问题。而且饮酒时间越长，激素水平下降得越明显。但是他的人生还有那么长的时间，婚姻也会受到影响，从而影响到生活的方方面面。看到他们的情况，我就会想，这绝对不是我要走的人生路。

在十几年前，我看到了一句很有感触的话：==我不是帮你瘦身，我是要救你的命==。这句话也是我的心声。我常常跟自己说，我的使命不是帮人瘦身。瘦身对我来讲太简单了，这方面我已经有了太多成功的案例。我曾经出版的一本书就叫《健身，就能改变人生》，因为我在内心深处明白养成健康的生活习惯对人的影响有多大。

我强调健身是为了救命，因为我相信一个人生活状态的改变不仅会影响他自己，还会影响他的家人、家族、朋友、同事，甚至可能影响整个公司。所以我不厌其烦地说这些看起来很"正经"，甚至很"啰唆"的话，认真地告诉每一个人健身很重要，运动很重要。由于看过太多不好的例子，因此我更了解开始行动可能带来的改变，更希望你能明白人生原则的可贵。一个人的健康，其实关乎非常多人的生活，所以教别人健身对我来说意义非凡。

我从小就不是一个别人眼中的好学生，功课、学业都是班里吊车尾的，习惯坐在最后面，也没有什么特别的才能。本来平凡的人生，甚至是不被看好的，是幸运有些长辈，有几位老师，有一些朋友，在我人生的关键节点，给了我很大的鼓励，推了我一把，我才开始有了一点信心。比如我后来会创作歌词，就是因为我初中时的语文老师，他看了我写的作文，发现了我这方面的才能，所以总是故意让我坐到他眼皮底下，盯着我念书。在我自己都不看好我自己的时候，他看好我。在他的鼓励下，我就真的在写作方面有了很大的突破。所以，后来大家才能看到我写的那么多歌词，看到我和杰伦合作的歌曲，我自己还出了专辑。

也是因为这曾经的经历，我意识到鼓励的影响力，我变成了一个非常爱鼓励别人的人，这仿佛已经是改不掉的习惯。我老婆vivi经常说，别人见到你随口一提健身，你就要说个没完没了，但是别人只是寒暄而已，你不必那么认真。我不会仅仅把健身当作一个聊天话题，健身是一颗种子，我会竭尽所能把种子撒给我见到的每一个人，无论是熟悉的朋友，还是只有一面之缘的人。不管对方的想法怎样，我都会先认真地讲，我要让别人知道——我心里是这样想的，也是这么做的。我希望我可以打动他，让他真的想要开始运动。如果我已经把种子撒给你，你却不愿意埋进土里，那我至少也尽了一份力，其他就交给时间了！

我觉得当教练并不只是帮别人在健身房里数做了几组训练，也不是喊口号说"健身就能改变人生"。我真真切切地看见了自己的影响力，也意识到或许我能影响到更多年轻的教练也来做这件事情，继而影响更多的国人。最后他们碰撞出来的火花可能更棒，或发掘更新的东西，那么未来中国的健身事业也许会大大不同，"全民健身"的梦想也会更向前一步。当每一个人都更健康、更快乐，更有动力去拥抱生活的时候，幸福的家庭就会更多，离婚率也就会更低。也许，当一个企业的老板开始健身，他会希望他的员工一起健身。就像那些华尔街精英，他们有的早上五点起来健身，之后再忙工作，即使到了五六十岁，也还能看到他们发达的肌肉和健康的体格。健身会带来更强的抗压能力，让人在繁忙的工作中对抗压力、平衡生活。

不要被眼前的环境限制住，遮蔽你向往的生活。也不要因为短暂的利益关系，失去了你该有的原则和态度。

如果你做了一般人面对挑战和困难时会做出的反应和决定，得到的结果也就只能如你所料的一般。只有勇敢面对挑战，踏出自己的舒适圈，才有可能得到不一样的结果。不是要你做出多大的转变，只要每天进步一点点，不要采取极端的做法，今天比昨天好一点点，未来的人生就一定会有所不同。

第二节
我想
60 岁还能
陪孩子打篮球，

你呢？

经过了 8 年的恋爱长跑，和 vivi 结婚的时候我已经 35 岁了。而我们的第一个孩子出生时我已经 39 岁。无论从什么样的角度去衡量，我都算一个"大龄青年"。结婚晚，生孩子更晚。

所以我 50 岁的时候，我最大的小孩才 11 岁，我的小女儿 8 岁。

我有三个孩子，两个女孩，一个男孩。他们现在都还没有成年，但我经常会幻想他们成年以后的样子。

我总在想，当我儿子长大以后，如果想和我一起打一场篮球赛，我还能不能跟上他，我的体力还能不能支撑我这样做？当我女儿长大后，她会遇到什么样的男生，我还能够有力量保护她吗？或者说，儿女成人后，想要带我和 vivi 出去爬山、野营、探险……我们俩可以不成为他们的累赘，跟上他们的脚步吗？

虽然我的儿女们现在还小，但他们总有一天会长大，我期待他们超越我们，我也知道这一天一定会到来。所以在这之前，我想保持良好的体力和运动能力，在他们长大以后，还做他们的朋友，还能跟他们一起旅游、运动，而不是一个需要被照顾的对象。

如果你也有同样的想法，我建议你重新审视一下自己的生活、自己的身材，也看一看自己的体检报告，仔细研究一下上面的指标。你有没有可能"三高"呢？你的饮食习惯能不能让你的身体一直保持在相对年轻的状态？运动表现能力如何呢？这些都是你要思考的。当我这样思考的时候，我会觉得非常有动力，因为我明确地知道我想让自己保持年轻的状态。

你有没有听过很多 30 多岁的人说自己老了，说自己已经不行了，动一下就这里疼，那里酸，在沙发上躺平最舒服。而且情况越来越离谱，我甚至听到一些 20 多岁的人告诉我他们已经老了，已经没办法再做这么激烈的运动了，什么健身方法都接受不了。我很震惊，但我也不想责备他们，只是觉得这样太可惜了。要知道，我们每个人都只活一次，人生 70 岁才刚刚开始。

其实，对于健身和年龄这个问题，我的态度也经历了转变，不再像以前那样冲动。以前的我觉得健身就是耍帅，把肌肉练大一点，可以更吸引女孩子。但现在不一样了，我想的是怎么能够让自己保持更好的运动表现能力，怎样能够更有精神跟体力陪我的家人，怎么能够活到老、动到老，而且是健康地活到老。

我一天到晚跟年轻人在一起，我老婆偶尔也会吐槽说：你为什么总是和年轻的朋友玩在一起？我说因为没有办法，其他的"中年"朋友很多都只能做静态运动，而我没有动一动，流流汗，就总觉得不过瘾。叫我长期做一个"沙发土豆"，对我来说就太难受了。我只好找年轻人玩，他们充满活力，体力很好，充满爆发力，对未来很有憧憬。这种状态是我喜欢的。

但是也有一些年轻人，比我还显得老成，但他们所谓的"我老了"并不是真的衰老，更多的是一种心态上的老。他们曾经有辉煌的18岁，吃得香，睡得好，但是后来没办法延续这种精彩，于是他们觉得自己老了，工作压力一来，就觉得生活充满了无奈和迷失，自己失去了"年轻"的感觉。

我建议大家不要被这种低沉困住，多去运动一下，流一点汗。这不仅因为运动有助于分泌多巴胺和内啡肽，在心理上就会改善人的感觉，更因为运动会让人获得更有生命力的感觉。当你沉湎于心累的感觉，你会很容易有负面的想法，但运动起来就不一样了。我很想告诉更多人，其实你可以变得更好。你看我现在已经快51岁，还能够这样有肌肉、有活力、有干劲，我相信你也可以。不要太强迫自己，先从几天、几周、几个月开始，你会发现你的身体跟其他各方面都一定有很大的提升。你只需要从现在开始一步一步展开行动。

也有很多人会说，有什么好锻炼的，反正最后都是拼基因，活到一定岁数都要死掉，没什么差别，天天锻炼，吃那么多苦，结果还不是一样？

确实，大约从28岁之后，人的身体机能是走下坡路的。如果不锻炼，到了30岁左右以后，肌肉每年都会以1%的速度减少。很多人都会问我有什么方法能维持身体机能，或者说尽量减慢身体衰退的速度。我想说的是，哪怕我看起来很年轻，我知道我也只是在延缓这个过程而已。但是我可以推迟器官功能衰退的时间，我可以保持肌肉

练就自由

的运动表现能力，也许我到 90 岁还能够健步如飞，状态是好的，而不只是苟且地活着。

结局看起来都一样，过程却是完全不一样的，而这种"不一样"对于你我的生命都非常重要。

有些人爱讲"好死不如赖活"，但我真的不认同这句话。我活着的时候，就一定要健健康康地活着，不需要一直麻烦别人。这其实是一个有关尊严的问题。更深一步，这也是一种责任。

前不久我听一个朋友说，他们家有六七个小孩，爸爸去世后，妈妈的身体很差，需要人照顾。一开始，姐妹几个轮流照顾妈妈，但等妈妈完全失去自理能力，只能卧床以后，大家就开始推来推去，说养老人有多麻烦，要浪费很多时间，要花很多的钱，甚至恨不得老人早早死。她在这样的家庭环境里长大，受到的影响是她根本不想生小孩，因为她怕小孩将来这么想她，或者这样对待她。但我想说那个不是我们应该有的逻辑。我们要更加关注自己的健康，以后不拖累孩子。

孩子有没有孝心是孩子自己的决定，但是父母对孩子的教育如何，有没有树立榜样，确实是父母的责任；而作为父母，我们在人生的最后时刻身体状态到了什么境地，自己也有责任。很多父母工作忙碌，根本没有在管孩子，更没有陪伴孩子，只提供物质和金钱，任其野蛮生长，就不能怪他们长大不孝顺了。在当父母的问题上，我一直认为，一旦有了孩子，就要学会付出，不只是金钱、时间，还有陪伴。另外就是你自己的身体，以什么样的身心状态陪伴孩子长大，老了会不会成为他们的负担，这些都是很现实的问题，有个好身体也是我们做家长的一部分责任。

回到这个朋友的故事上来，作为家长，我们一定要反思自己要成为什么样的父母，而不是考虑孩子最后会不会养我们，或者直接否定生孩子的必要性——这样的思考顺序有些本末倒置。家庭的健康和个人身体的健康一直是一脉相承的，这也是我希望传达的理念。

你的父母离婚不代表你不能拥有幸福的家庭。你的父母在你小时候没有花时间陪伴你，不代表他们老了你就不需要陪他们、孝顺他们！那是一个人的品格和人格问题。你不能替别人做决定，但你可以决定自己成为一个什么样的人。你也会是你的孩子的榜样，或是家人朋友的榜样，最终都是相互影响的。

第三节
以"减肥"
为出发点,

你就已经
"输"在起跑线

不管视觉上是胖还是瘦，好像每个人都会有减肥的需求。尤其是在当下，现代人的审美对身材较胖的人并不友好。或是被身材焦虑驱使，或是出于健康考量，我们仿佛处在一个"人人追求减肥，日日都想掉肉"的时代。但是我非常想要告诉你——如果一开始就以减肥为健身的出发点，那么你已经"输"在起跑线了。

大家总是在讲减肥，说减肥意味着变好，但好像没有搞清楚顺序和逻辑，而这是很多减肥训练营、健身教练都不会告诉你的。对他们来说，最重要的是让你看到体重变化，似乎减肥前后相差十几斤甚至几十斤就代表着减肥成功，十多年前我也这样想的。减肥的人也总是盯着短期内的改变，比如今天少吃了一点饭，明天也许就掉了一两百克。就算在短期内达到速成减肥的效果，可那样的饮食方式你可以坚持一辈子吗？你们有没有想过在这之后呢？也许一年两年，当你复胖的时候，你又该怎么面对？极端减肥的效果只是表象而已，难不成我们真的要"生命不息，减肥不止"吗？

很多人表示不理解，说刘教练你到底想干什么，大家跟着你练，不就是想减肥瘦身吗，你怎么还要说大家一开始就错了？其实，我想说的是，虽然整个社会都在喊减肥，甚至形成了一种潮流，但这种潮流的底层逻辑是不正确的。我没办法告诉大家所有的这些方法统统不要去用。但我看到的现实是，在这种潮流下，最终成功减肥并收获健康生活习惯的人只是少数。成功概率并不算高。当然我不想打击大家的积极性，如果连动起来的机会都不给，那还谈什么成功概率？但动起来之后呢？如果始终没有获得让你满意的反馈，或者并不总能获得让你满意的反馈，你还能坚持多久？

减肥是一条不归路，这就是为什么很多人都在减肥，却始终没有太大的成效。大家不要觉得我在危言耸听，这么说真的是因为我看过太多太多失败的例子。很多人在逻辑上已经走到一个错的方向，以为只要少吃多动就能减肥成功。如果你也这么想，那么恭喜你，你的易胖体质就是这么产生的。

减肥的人分为两种，有的人靠少吃不动，通过节食来减肥；有的人不仅吃得少，还搭配很枯燥的运动。虽然这两种方法短期内也许能见效，但恢复正常生活，不再严格控制饮食或者配合量很大的运动后，他们很快就会变得比上次还胖，然后就跟你说健身没用。

是不是说中了大家心里面的想法？我曾经带很多超级肥胖的人减肥，无论是在综艺节目里还是在我平常的工作中，我都会告诉他们减肥成功的概率很大，都会瘦。但100个减肥的人里，最终99个减肥失败，后来总是或多或少地复胖。成与败之间的差别在哪里？为什么大家都在减肥，却总是失败？

减肥这个词有两层意思。首先是作为动词的"减"，代表减掉、拿掉，像是要摆脱掉不好的东西。其次是"肥"，指的是那些被认为不好的东西——身体脂肪。因此，减肥听起来就像要把自己身上不好、不完美的地方消除，才能慢慢变好。许多人也确实是这样理解这个词的，但当我们从这个角度开始理解的时候，就已经陷入错误的观念里。脂肪是我们身体的一部分，每个人都不可或缺，它们的存在本身是中性的。其实我们真正要做的是提高身体的肌肉比例，也就是我们常说的"增肌"。当把"减肥"换成"增肌"时，你会觉得更积极、更正面。

否则找一个教练健身三个月，每天都吃鸡胸肉，把自己的体脂率锻炼得很低，可能也坚持不了很久。我的表弟，原先看上去憨憨胖胖的。我拉着他练，其实也没有特意控制他的饮食摄入，而是帮他做了增肌训练，最后他的体重只减少了 5 公斤而已，但整个人看起来都不一样了，肌肉线条、下颌线都显出来了，脸上的"婴儿肥"也下去了，头发乌黑浓密，变帅了很多。他现在最爱干的事就是摸自己的胸肌，自我感觉很棒。

你是艺人吗？可能不是。你是一般的人，你是"人"。所以你需要的并不是立竿见影的速成瘦身效果，而是花时间养成健康的生活习惯。所以我鼓励大家从增肌开始，走到对的方向上，这样才有可能走到最后。

增肌减脂其实不难，一般人就是不知道怎样维持。我们想要的是一个健康的身体，或者所谓的易瘦体质，而不是只瘦那么一周、一个

月。我曾经带过一位学员，他拼命努力，在 100 天内减掉了 109 斤。这个瘦身效果非常不可思议吧？他在节目中接受的是封闭式高强度训练，并且有一个完整的康复营养健身团队在背后帮助他。在节目结束后，他还是多多少少出现了复胖的迹象。但后来，他找到了自己的人生目标，决定重新看待减肥这件事情，重塑自己的健身和生活方式，才彻底改变了自己的状况，养成了易瘦的生活习惯，并且从别人口中的"废物"变成一位成功的老板，甚至以老师的身份帮助曾经和他一样的人。但这真的不是只靠减肥的心，或者说一段时间的强制性减肥活动就能做到的。

选择了错误的道路和方向，就无法通向正确的终点。你会经历挫折，经历失败，在每一天、每一次运动和节制饮食的过程中，慢慢失去信心，也不再信任自己的身体。当你陷入这样的恶性循环，并且持续下去，你就会走上"不归路"，觉得是因为没有办法——体重没有办法，工作没有办法，生活没有办法，精神也没有办法，不是不想，是真的没办法。其实你不是没办法，只是没有人将你引导到对的路上面。

一想到"我千万不能再胖起来了"，你就开始陷入恐惧，而且将一生都活在减肥的恐惧里。

我们绝大多数人在这个世界上都有太多的担忧和恐惧，而这才是真正要命的问题。害怕失败，害怕自己兴师动众地减肥却效果不佳，害怕坚持不下去，更害怕辛苦三个月以后体重又反弹，又害怕复胖了会被别人嘲笑。当一个人开始这样想，他的心理问题其实就已经大过其他的问题了。这样的恐惧也成为很多已经处于健康警戒线之下的

人，仍旧不敢迈开腿，固执地不改变自己生活的原因——一旦身上背负的压力太沉重，你就很难出发。

但你要知道，被减肥困扰的你会出现这种心态，可就算是美国的热门综艺节目《超级减肥王》的总教练，最终也避免不了发胖。但是她已经做到什么程度了呢？每天的运动时间超过 120 分钟，加入各种燃脂、增肌的动作，饮食方面严格控制糖分和热量摄入，并且大多数情况下都采用代糖。她的基础代谢已经远远超过她该消耗的热量，理论上就算不额外运动她也不应该发胖，但是结果她还是变胖了。

问题出在哪里？问题出在她的心理压力上。皮质醇水平与体重增加之间存在着显著的关联性，因为压力会刺激皮质醇的分泌，而皮质醇会干扰脂肪细胞的能量代谢，抑制脂肪细胞的自噬过程，容易导致脂肪细胞发展成为肥胖细胞。此外，皮质醇还会抑制胰岛素发挥作用，使血糖水平升高，从而导致内分泌失调。当她的心态失衡时，接下来等待她的就是发胖，而这种胖是连运动和节食都无可奈何的。无疑，对肥胖的恐惧完全支配了她。

我曾经和我的女儿讲，勇气的源头在于有勇气的人。有人怕蟑螂，有人不怕；有人怕蛇，有人不怕；有人怕坚果，有人不怕。有的男生说他就很怕有毛的东西，他这么强壮，为什么还会害怕，难道是因为没有勇气吗？其实每个人害怕的东西都会不一样，但有所畏惧不代表不能拥有无畏的勇气，这是两码事。所谓勇敢，不是不怕，而是虽然害怕，却有战胜恐惧的信心和勇气。

我曾经接受过特种部队训练，其中的一个训练项目是在一个高处完成，高度超过三米。站在那个高度的时候，一往下看就会害怕——

这是人类的本能。但是我不断从上面下来再上去，第一次我会害怕，第二次我会害怕，第三次、第四次……我依然会害怕。经过无数次的身体垂降训练，最后我即使对那个高度有所畏惧，也有信心做好所有动作。你看城市高楼上擦玻璃的人，摇摇欲坠地吊在几十米甚至上百米的高空，他会害怕吗？即使每天都在做着一样的事情，每一次上去他还是会紧张，会害怕踏错一步怎么办。但是他们最终可以坐在上面工作，他不是不害怕了，而是学会了面对恐惧。

害怕和勇敢从来不是反义词。在减脂和增肌的问题上，你的恐惧不应该成为你失去继续运动的勇气的理由。

很多人常说某个篮球运动员很有天赋，再加上后天的努力，真的很难不成功，但是他最后有没有可能成为具有传奇性的人？其实都在于心理层面的状态，我曾经问过很多打比赛的职业选手，为什么很多人到了巅峰状态后很快就退役了？他们告诉我说是因为他们在心里面没办法承受自己走下坡路。如果你问我会不会害怕自己变胖，会不会害怕自己掉肌肉，那么我可以说我不害怕，因为我知道我有办法回到我想要的状态。

虽然我常说"健身改变人生"，但我更想说的是，健身是我们可谋的长久之计，而减肥则像是短期获益的陷阱。绝大多数人都听过这句话："时间会告诉你答案。"当你把时间无限拉到人生那样的长度，你会看到减肥这个举动带给你的，不只是几十天的痛苦，更不只是三五年的短暂瘦身效果，而是在人生的标尺上深陷迷茫。只聚焦在"减肥"这件事上，你会发现你的体重在波动，你的心情在波动，你的健康状态在波动……如果你能站在上帝视角看待减肥这件事，你会惊觉，只关注减肥带来的只有永不消逝的循环和迷失。

而健身就像是漫长时间的不确定中唯一确定的答案，健身会让你摆脱体重秤上升升降降的数字带来的困扰，会让你逃离身体维度变化带来的失落，会让你忘记减肥失败的痛苦以及减肥成功后复胖带来的自我怀疑与担心。

减肥赢的是概率，健身赢的是人生。

第四节
动起来，

何时开始
永远都不迟

为什么不开始运动？也许是因为你还没有领略到运动的快乐，或者是你不知道自己擅长哪一种运动，抑或是过往的运动经历让你不开心，有一些不好的回忆。

也许年少时候的体育课都是在树下的聊聊笑笑中度过的，结束之后你还会喝一杯甜甜的饮料，感觉好愉快。等到体育课考试的时候，老师就会逼你运动，跑上几圈，然后你会觉得运动是一件好困难、好痛苦的事情，尤其是在 800 米、1500 米考试的时候。是不是这样呢？

我并不是想否定你的快乐，喝饮料、喝下午茶、吃甜点，这些都是很多女孩喜欢做的事情。我老婆 vivi 也很享受下午茶的快乐时光。而我想给大家的是更多元的快乐。就像不同颜色、不同味道、不同地方，带给你不同的感受。你也许不喜欢吃某样东西，但你可以吃其他的，感受一下新鲜事物也会让你有愉悦感；那个味道你不喜欢，就换别的，也没有什么损失。人生不就是要体验很多不一样的事情吗？

以前我跟我老婆沟通健身这件事就很困难。因为她找不到让自己变得更好的动机，或者说没有事情能驱使她变得更好。那时候的她其实也不比一般人胖多少，身高 168 厘米，体重 60 公斤，其实还好，通过穿搭修饰一下，根本不算胖。况且她作为三个孩子的妈妈，这样已经很不错了。那么她是不是不需要再变更好了呢？那时候她的答案是"不需要"。但我知道这个"不需要"背后是她在内心深处已经对自己信心不足，对自己的某些部分进行了否定。但她不会让这件事情显露出来，而是把它压在心里。她看到某件衣服的时候，说的是"我年轻的时候也能穿，现在不能穿也没关系，毕竟我已经是这样了"。这个念头究竟有没有影响呢？答案是有的。这个声音就像一颗有毒的种子，在你身体里发芽，不断让你朝着"黄脸婆"的方向行进。

老人常说，小时偷针，大时偷金。我所说的"发芽"就和这种情况相似，当你放任自己这样没信心地生活，年纪大了之后你就会越来越失控。开始时，你可能只是微胖，再后来变成重度肥胖，最后变成超级肥胖。你不会再觉得胖有什么问题，因为那时候你已经认命了。

我不想苛责你的生活方式，但我只是感到很遗憾，在这种身心状况下，你可能不知不觉会失去很多。也许不是物质上，但你会失去很多宝贵的体验。当朋友喊你去沙滩玩，你会因为对身材的不自

信而拒绝，不想穿比基尼，不想穿泳衣，就算穿也是先去搜索"遮肉款"，发现还是不行，不如干脆不去。于是你失去了在海滩上沐浴阳光、追逐海浪的机会。当朋友喊你去野营登山，你一想到爬山会气喘吁吁，跟不上趟，别人可能还要等你，于是干脆地说："爬山有什么意思？我才不要去。"可真的是这些活动没意思吗？其实你内心深处知道不是这样的。但在这种身心条件下，有很多原本想要做的事情，你不会再去做。因为你已经对这一切失去盼望，并用一种无所谓来掩盖自己的不自信，觉得自己的人生大概就是这样了，因为大多数人都是这样。

所以让你想要改变的目标到底是什么？只是快速瘦下来吗？还是和同学一起拍张好看的艺术照呢？抑或是无论你做什么，都能在不同的人生阶段，始终保持一个健康向上的状态呢？

其实何时开始都永远不迟，关键是你要不要开始做这件事情。

回到健身这个问题上，我一直在强调，我们运动的目的是增肌，而不是减肥，当身体的肌肉含量增加，脂肪比例自然就下降了。增肌让我们能够有更好的运动表现力，让我们能够在未来拥有更美好、更健康的生活方式，让我们能够参与各种我们生活当中可能遇到的事情。

当朋友找我去跑马拉松、去打羽毛球、去打篮球，或者去游泳、去骑自行车，我都可以加入他们，我的生活充满了"我可以""好啊""那我们走吧"，而不是"没办法""算了吧""下次再说""太累了"。

也许我不是专业的马拉松运动员，但就算跑不了全马，我跑一场半马，或者跑个 10 公里总没什么问题吧；也许我不是专业的羽毛球玩家，但是我的朋友可以教我玩，我不会打了没两下就躺到地上看大家玩。而且对于不经常尝试某种运动的人来说，其燃卡燃脂效果反而更好，因为肌肉的不习惯和不适应，会帮助你达到更好的燃烧热量。

曾经有个畊宏女孩告诉我，她和老公一起去爬山从来没到过山顶，某次到了山顶后才发现原来山顶的风景那么美。以前，他们在爬到半山腰时就感到非常疲惫，想要回去。而现在因为跟我跳操，体能增强了很多。他们还抱着一个刚会走路的孩子，没想到努努力就爬到山顶了，也没有像过去那样喘得快要昏过去，还可以放松地享受美景，心里很有成就感。我听了以后很开心，通过健身，或者说锻炼，她的人生已经开始改变了，变得丰富了。这种体验会成为她继续保持健康生活习惯的微小动力，但当这些微小的动力积蓄得越多，就会开启良性循环。而这种良性循环对每一个想要开始的人来讲都无比重要。

这个世界上有那么多人热爱各种各样的运动，既然如此，这些运动就一定有一个点是你不懂却迷人的。也许你还不会玩，但如果有机会尝试，而且你的身体也能够承受，你就会发现给了自己一个契机，去发现新的热爱。所以不要轻易地说你不喜欢，而是先给自己一个机会尝试，熟能生巧，也许玩着玩着就会越来越擅长，到时候你还会说你根本不喜欢这些运动吗？当你开始擅长某种运动，你自然而然就会充满自信，而在这种擅长的背后，又有一系列对身体的基础要求，比如更强的肌力、更好的心肺功能等。

当你的生活充满了"我可以"，你就会愿意尝试各种不同的东西、不同的运动，也会变得很有能力，并结交到不同的朋友，这就是健身改变人生的原理之一。

第五节
找到
你内心的
根本动力

当一个普通人想要开始健身并设定目标时，他会受到潮流和大众文化的影响，进而想到什么呢？而他内心深处真正渴望的是什么？接下来这些才是我认为阐释健身时所要关注的关键要义。

　　健身并不以让你拥有好身材为首要目的，好身材只是一个附加价值——这很重要，也是我想告诉所有人的。当下绝大多数人都以纤细身材为动机，到底健康、瘦身，还有那些所谓的健康生活方式，哪一个才是最好的起点，我们要如何在这些关键词里找到自己生活的平衡点？这是我一直在思考，也迫切希望通过这本书告诉大家的观念。

　　我经常问来找我健身的人：你为什么想要减肥？你到底想要什么？

　　有人说，我只是觉得自己胖了，看起来不那么好看。

　　但是真的只是这样吗？你内心真正在乎什么，也许你还没有想到，也许你已经想到了，却藏在心里不敢说。

　　很多妈妈会讲，因为我很胖，我不敢去参加孩子的家长会。那么我会追问，你自己有没有什么样的梦想呢？她说，我想有一天能够再穿上紧身牛仔裤、修身衬衫，还有白色的高跟鞋，走到家长会现场，而别人不会用异样的眼光来看我。

在我的生活中，我也遇到很多人会和我说："刘教练，我从来不运动。"譬如在帮我带小孩的一个哥哥，他一见到我就说："我从来不运动，也不想动。"和他深聊，我才知道原来他以前在学校的时候曾经被霸凌。因为他小时候有点胖胖的，所以运动的时候总被嘲笑、被欺负，这让他觉得运动的时候会不快乐，自己不喜欢运动，所以他不再愿意运动。

因为别人的否定，他也慢慢认为自己就是被别人否定的那样。于是，我开始鼓励他，告诉他，他就是独一无二的，有很大的潜能，只要愿意动起来，就一定不会太难。从运动五分钟开始，到十分钟，当他决定试试看，他发现原来否定他的一直是他自己。他的生活开始改变，他变得愿意运动，还跟我儿子打篮球，跟着我们一起跳操健身。有一天当他回家和他妈妈碰面时，他的改变让他妈妈都快认不出他来了。

每当你觉得辛苦的时候，你可以提醒自己，现在眼前看到的你将要拥抱蜕变，你要相信这件事你可以做成，而且先要相信自己。我常说，信就是所望之事的实底，是未见之事的确据——虽然还没有达成，但你先要相信自己一定可以达成。

你确信你要做这件事情，因为这对你的人生至关重要。虽然你非常在意减肥这件事，但是千万不要只是因想要纤细的身材而运动，因为身材其实是你靠穿衣服遮起来也能解决的事情，或者说只是一个所谓的好看与不好看的问题，难道胖就不可爱吗？当你陷入上面的误区

练就自由

里，你就会给自己找很多理由，而那些理由会让你在坚持与放弃之间摇摆。

增肌减重的关键其实还是在于人心。人一生的果效是由心发出的。

之前有个节目想要学我的方式做封闭式减重训练，找了专业的帅哥美女教练，照着之前的课表做。但是很奇怪，明明照着做了，最终却没有成功。其实关键不在于你有没有跟着动作去做，而是你在这个过程中内心是怎么看待这件事的，教练是否引导你认真思考过其中的很多细节。

很多人都没有做到好好思考，于是减肥变成了和上学写功课一样的事情。如果只是抄写 30 遍、50 遍数学题，把题目背得滚瓜烂熟，却没能理解背后的原理，那么考试的时候还是不能找出正确选项。

人不是机器。即使你在短期内按照健身计划执行，你的教练付出时间，付出爱去帮助你，你的完成率确实非常高，但当你回到家里或者去到外面，也会面对各种各样的试探和诱惑。你原本的习惯又会杀个回马枪，伴随而来的就是你的体重反弹。

瘦身没有固定答案。瘦下来从来不是问题，问题是怎么能够长久保持健康的身体。就像是我叫你抄一个字 100 遍，最后你会写这个字了，但你能否讲出这个字真正的意义，或把这个字用在你的生活里面，这才是更加重要的问题。

所以，在开始行动之前，厘清你的思绪，花点时间好好地问问自己，到底我为什么而动？关于人生和未来，到底想要什么？等你真的找到了内心的那个原因，哪怕不是很普遍的原因，也许是很私人的原因，但只要方向正确，它也一定能引导你走得更远。

不要
被眼前的环境限制住，
遮蔽
你向往的生活。

也不要
因为短暂的利益关系，
失去了
你该有的原则和态度。

要知道，
我们每个人
都只活一次，

人生 70 岁
才刚刚开始。

所谓勇敢，
不是不怕，
而是虽然害怕，

却有
战胜恐惧的信心和勇气。

害怕
和勇敢从来不是反义词。
在减脂和增肌的
问题上,

你的恐惧
不应该成为你失去
继续运动的
勇气的理由。

练就自由

健身，
我的激情所在

用热爱抵御无聊和痛苦

越动越轻松，
越动越自由

不止于"画饼"的健身

健身是一场顶峰相会后的前行

第一节
健身，
我的
激情所在

我坚持健身已经有 30 多年的时间了。健身已然成为我的一种生活习惯，不健身就挺难受的。

要想将健身坚持下去，有几件事情很简单却很重要。首先，最好有同伴，能和家人、爱人、朋友一起坚持锻炼，更有助于养成习惯。毕竟，一个人很孤单，很容易没动力，也很容易说服自己偷懒。其次，你要经常分享你的健身经历，通过获得正面反馈来增加成就感，同时也让他人感受到你的生活充实和健康。最后，你要享受生活，去尝试各种运动，发现自己的擅长和所爱，不要局限于健身这一个单一的目标。

在健身这件事上，我已经不太会受到成就感和名利的影响，因为它已经成为我的生活。当别人夸赞你身材好的时候，你可能会有强烈的感受，但对我来说，好身材已经是常态，而且我不以外界的评价为追求，类似的赞美我也已经听了几十年了，并不会有什么太大的刺激。想想看，我已经坚持了 5 年、10 年，甚至 30 多年的健身，又怎么可能轻易放弃呢？

我不是为了获得成就感而坚持健身。我坚持健身的原因在于，我喜欢尝试各种运动，我需要能强化肌力的训练来保持我身体的良好状态。

我发现，健身后我的身体状态非常好，我感觉自己充满活力。我很讨厌自己感到虚弱和没胃口。这种无精打采的状态我不喜欢，就好比要我坐在那边一直不动，装得很严肃，跟你们聊天时肢体还变得很僵硬，对我来说这反而很不容易。我想要展示出我想要表达的，我想要让内心的热情和激情迸发出来。这种激情并非愤怒之火，而是一种热情被激发的状态。不论是坚持不懈的劲头，还是向外界传递的这种激情，这些可能都是很多人能从我身上感受到的。不管你有没有运动健身的习惯，我都会十分乐意讲述，让你感受到我对健身的热爱。

每当谈到健身，我都会激情澎湃。这不仅让我自己感到兴奋，我更希望把这份热情传递给你，让你对健身抱有期待，如果你听进去了，也许今天就是你改变的时刻。若我不向你展示健身的美妙之处，那真是太可惜了。我一定要让你了解，因为只有真正了解了，你才会选择是否要尝试。只有通过尝试，你才会知道自己真正喜欢什么。但如果根本不知道健身的好处，你就很难客观地给出你的答案，只会评价说健身不行，太累，甚至觉得无聊，这其实是很多人共同面临的问题。

实际上，健身并没有你想象中那么无聊。对那些一直坚持健身的人来说，他们总会在这个过程中发现有趣的事情。就像冰壶或曲棍球

一样，有些人之所以觉得这些运动很无聊，是因为他们并不了解其中的乐趣所在。我曾在加拿大游学、生活，加拿大极为盛行的一项运动就是冰上曲棍球，当地很多人都有自己喜欢的球队和球星并为他们应援，比赛时观众席更是场场爆满。但当你不了解这项运动时，你可能会觉得，一群人拿着大棍子打来打去的，有什么意思？其实任何运动都一样，之所以能在世界上各个地方拥有一片天，是因为它们都有自己的独到之处，只是你可能还没有真正了解过它们。我曾在加拿大购买过玩具曲棍球，在家里和家人一起玩耍。我的小孩原本完全不了解，到最后都打得很开心，他们就不会轻易说冰上曲棍球很无聊。即使你所在的地方不容易买到这样的玩具，但只要你了解其中的乐趣，你就能获得快乐。同样地，我希望能通过我的讲述，你也能体验到健身的乐趣和挑战。

在 30 多年的健身生涯中，我通过运动不断获得生活的灵感，然后又通过生活去反推健身的灵感，不断鼓励自己往前走。在疫情封控期间，很多人陷入负面情绪中，当时有很多排解方式，但很多人可能不会想到，跳操或其他运动可以给自己带来很多快乐。我把我的运动灵感和跳操结合在一起，让大家发现了这种喜悦的感觉。不确定性让人感到忧虑，然而当我们开始行动起来时，我们的想法会发生改变。外界有许多不可控的因素，而我们能控制的只有自己的身心状态。

在我的职业生涯中，我遇到过很多陷入困境，例如事业低迷、婚姻失败、爱情失利、失业、家庭纠纷等的人，我经常鼓励他们。也许你现在的处境十分困难，你不知道出路在哪里。但是，如果你只是坐在这里思考这件事情，那可能会让你的情况变得更糟。只要你行动起来，你的大脑就会释放出内啡肽和多巴胺，进而产生积极的能量和思维。在运动的过程中，你有可能会突然获得灵感，意识到其实有很多事情可以做，你并不一定会被未来束缚，你可以继续努力。你会相信自己能够战胜挑战，你的思想会变得更加积极。然而，如果你没有开始行动，你甚至会觉得毫无头绪，没有对话的对象，也没有其他刺激和创意，只能寄希望于自己想明白。思考得越多，有时你就会感到越沮丧、越难过和越消极。这种情况下，你无法得到满足和答案。

确实，喝点酒、大吃一顿、看剧或许可以暂时让你忘却这些问题，但并不能解决你面临的困难。它们只是一时的消遣，问题依然存在。问题叠加在一起，就像滚雪球一样越滚越大。一旦不堪承受，你的情绪就会失控，一旦无法掌控这些情绪，你就会变得更加慌乱。在失控的状态下，情况进一步恶化。然而，在这个过程中，如果你愿意做出实际的改变，事情真的会在不知不觉中有所好转。

有时跟一些大老板见面时，他们坚持要我参加他们的公司活动，我心里想为什么要花这么多钱请我参加这个活动。他们往往会告诉我，我的健身方法当然很好，但对他们来说，我能够将这种精神传达，对他们而言才是最重要的事。

所以根据我的设想，在这么多人中，一定有一些人面临着类似的困境。因为真的每天都在想这些，所以我很容易就能将我所想到的东西直接说出来，而不是事先准备草稿。可能在直播的过程中，我的某句话就帮助了某个人，但他不说的话我也不会知道。多亏他们说出来，我才会常常觉得备受鼓励。不管有没有回报，我还是希望把我的热情传递给大家，因为运动、健身，就是我一生的激情所在。

第二节
用热爱
抵御
无聊和痛苦

运动可以激发人们对可能性的想象，可以让人们更加热爱生活。很多人从进入我的直播间跟着跳操开始才第一次体会到运动的乐趣。

　　然而，运动仍然是有门槛的。可能你公司马路对面就有一家健身房，公司免费提供健身卡，但仍然有很多人觉得下楼很麻烦，还有带健身包、换衣服、洗澡等各种阻力都让他们懒得去健身房。这些阻力其实只是自己给自己设的门槛。而在我的直播间跟练，你完全可以在家里舒适的环境中进行运动，不用担心这些问题，还有什么理由不动起来呢？

　　有些人对运动有负面的印象，也可能是因为受不完美的体育教育的影响。在学校，每天被强制跑早操或者体育课上被强制跑步，有时这些经历会让人们觉得运动是一种痛苦的事情。就像吃东西的环境会影响我们对食物的喜好一样，运动的环境也会影响我们对运动的态度。

如果今天有个朋友和你一起去游泳或参加其他有趣的运动，愉快地聊天时提议来场比赛，也许就制造了一个愉快的运动环境或有竞争感的游戏场景，无论输赢，在快乐的场景中，你都会有获得感。再想到游泳时，你不会回忆过去在游泳时的辛苦经历，而是觉得"哎，也蛮有意思，下次可以继续试试"，对下次运动充满期待。没错，运动的环境可以改变人的心情。

我老婆在家没事不会弹钢琴，因为她小时候被迫练钢琴练了10年，每天妈妈都说"你如果不练琴，就不准吃饭"，所以她对钢琴产生了一些不好的感受。她学了10年，但现在根本不会主动去弹。问题的关键在于她学习钢琴的环境并不让她觉得愉快。小时候，我妈妈逼我学钢琴，但我没有学。后来为了写歌，我开始学钢琴，而且是杰伦教我，我才学会自己弹琴自己唱，后来慢慢开始写歌。我并不是被迫练习的，完全是主动去学，所以到现在我都很喜欢弹钢琴。

你看，当你逼迫你的孩子去学一个东西，也没有让孩子在这件事情上找到乐趣，找到热爱，他就会一直觉得学得很痛苦。这就是本末倒置的例子。最后，无论学什么，都将成为一段痛苦的时光。后来我老婆陪孩子练钢琴，快乐的记忆就来了，又慢慢地开始弹了。

小孩子的学习其实也是这样。我的小孩在写作业时，总是喜欢拖拖拉拉，结果一小时东拉西扯，没写半个字。其实20分钟就可以完成作业，通常他要磨磨蹭蹭花两三个小时才能写完。

有一次在他写作业时，我尝试给他讲了一些有趣的知识，告诉他古代的诗人之所以会写诗，是因为他们从当时的环境中获得了灵感。我还告诉他，他现在学习的只是其中一种模板而已，学诗的目的不是死记硬背，而是为了下一次也能够用诗词这样优美的形式来表达自己的感受。感到开心时，能用语言把自己的感受和那个情景传递给别人，让别人理解你，其实也是一种特别的能力。经过了这样的交流，他突然觉得写作业其实挺有意思的，因为他也想获得这样的能力。

实际上，他并不是不喜欢写作业，而是不愿意被逼着去做他觉得无聊的事情。如果换个思路，写完作业后就不用再写了，而且作业不难，很快就能完成并得到满分，有成就感了是不是就会有动力去做了？但很多时候，当局者迷，孩子自己也意识不到其实换种想法，行动起来就能得到很好的正面反馈。

所以，创造一个积极的环境和态度，找到乐趣和动力，可以改变人们对于一件事情的看法和心情，让他们更愿意去尝试和坚持下去。

除了少数幸运儿，不是所有人都能一开始就发现自己一生所热爱的。很多终身保持的习惯，其实都是后天慢慢发现、养成的，甚至一开始你可能根本没有意识到它们会影响你的一生。

我的儿子很喜欢看电影，我问过他："有没有想过自己能够创作一部电影？"

他说他有这个想法，我告诉他，如果真的想在未来拥有创新的东西，就要成为第一个去做这件事情的人。我自己就是这样。如果喜欢跳舞，而最后可以自己编舞，创造一些令人惊艳和酷炫的动作，是不是很厉害？当然很厉害！我告诉他，其实做功课也是一样的道理。现在我并不是要求他一直读书，读一辈子。我希望他掌握这些知识和技能，最终能够将它们应用到自己想做的事情上。如果此刻不能好好学习，将来也就无法实现自己脑海中的想法。

比如弹钢琴，我也并不是一定要孩子成为一位钢琴家，而是希望他至少懂得欣赏音乐。因为如果不懂欣赏音乐，就无法从音乐中获得情绪的释放和享受，也许就会消除你对其他艺术门类产生热爱的可能。我对音乐的热爱如此之深，以至于我时刻都能感受到音乐的存在，在工作和休息时，都愿意带一个音响在身边，放一些背景音乐，让我的内心有一个持续跳动的节奏。我告诉我的孩子们，这样的生活是非常美妙的，一旦他们领悟到这一点，他们就会明白学任何东西都不应该是苦差事，而应对自己学会的新东西感到非常幸福和满足。

某天晚上，我儿子自己弹起了钢琴，一直弹到了 12 点。虽然我希望他能早点睡，但我没有阻止他。保护孩子刚刚萌生的兴趣比什么都重要，我鼓励他们追求一切自己喜欢的东西。因为我知道当人有了自己真正的热爱，沉浸其中时，会感觉仿佛时间消失了。我会跟他们分享我自己快乐的经验，而不是打击他们。

我见过很多父母，在孩子刚有一点点兴趣的萌芽时，就先打击他们。

孩子想打篮球，他们说会晒黑，会骨折；孩子不去体育课了，他们又说怎么这么懒，都不愿意动。好像总是有理由来反对，为什么不从孩子的角度来鼓励他们呢？我认为最终是要培养他自我觉醒和自我规划的能力。健身也是一样，我无法每天都陪伴他们，他们必须具备自我觉醒和自我调整的能力，然后规划自己的运动生活，这样才能真正拥有健康的生活方式。

实际上，让孩子们喜欢运动并不是通过强迫他们实现的，而是创造一个愉快的运动环境，替代以前不开心的运动经历，让他们发现运动本身是一件令人愉悦的事情。就算今天不参加跳操，还可以明天去打篮球、骑单车，后天去游泳。运动本身就是快乐的，如果全家一起动起来，家庭关系也会在不知不觉中变得很亲密。幸福快乐，就这样唾手可得。

第三节
越动越轻松，

越动越自由

我其实很想问大家一个问题：你用饮食喂养身体，那么你用什么喂养你的人生，又用什么喂养你的灵魂？

　　在每日看似一成不变的生活中，你是否能找到你热爱的事物？你热爱的事物是否又能回馈你，让你的灵魂得到真正的滋养，让你拥有一种脚踏实地的充盈感，而不是每天疲于奔命，等到真有什么机会拥抱一些日常生活之外的体验时，却说自己没办法、做不到。你需要的是能给你的生命添彩的经历，而不是被动的压力。

　　如果你喜欢旅行，那么你的旅行也可以不只是"上车睡觉，下车尿尿"，被导游带着去各个名胜古迹买纪念品。你可以去陌生的国家和城市，走走逛逛，和爱人、家人一起去公园运动。到了没有去过的国家和地方，即便没有导航、没有手机，我也会记住地图上的路线，然后穿上跑鞋出去跑步。看看这里的巷子，看看那里的房子，有时和家人、朋友边跑边聊，边跑边享受大自然的风光。也许我以后不会再去这个国家或城市，但因为我跑过、走过，用双脚体验和感受过，所有这些都会变成我人生宝贵的经历。我们的人生，可以用我们的脚去丈量，用我们的身体去感受，如此，这种记忆才会足够深刻，才能成为我们灵魂的养分。

我曾经到瑞士录一个综艺节目，当时主持人宪哥跟我讲，从来没见过有人录节目当天早上还出去跑步的——累都累死了。他们以前邀请的艺人都没有做过这件事。那天我就说要不要来跟我跑，当时好多人心血来潮，都跟我一起跑了起来，跑完之后每个人都觉得有点累，但整个过程好棒，毕竟瑞士的风景那么漂亮，一边跑一边欣赏美景，让人心旷神怡。第二天一起跑步的人少了很多，但还是有人坚持。第三天我带他们一起去爬山，那天山顶的景致让人一生难忘，现在回想起来都很激动，好想再去一次。

这就是不同人生体验带来的快乐，这种健康、正向的体验越多，你就会越快乐，心灵也会越自由，因为你知道你能够做很多事，去很多地方，认识很多新朋友。

我有一个画家朋友，他的画其实卖得很不错，但他在生活中还是承受着巨大的压力。甚至有一段时期他的灵感枯竭，无法再创作出更好的作品。我就问他："你要不要跟我去美国？我正好要和朋友去美国玩，去打球、看 NBA。"他从来没去过，平时有点懒得动。我说："你也喜欢打球，跟着我们的朋友一起去一定很有意思。"最后我还是拖着他去了。

我们带他去爬山，穿越大峡谷，在街头打篮球。虽然有点累，但这个旅程最终还是成为他人生中一段非常美好的回忆。从一趟原本第

　　　　　　　　　　　　　　　练就自由

二天就想回家的旅行到美好的回忆，就差一个对的决定。旅行的最后，我们在夕阳中开车回洛杉矶，他突然说那一刻他好想画画，感觉创意已经在脑海里面快爆炸了。我知道他并不是想画夕阳，而是他整个人都被激发了，看到了事物的美与不同的东西，获得了更多的灵感。旅行结束后，他的灵感变得源源不断。因为灵魂得到喂养，所以他的生活也被激活。

如果你不想开始改变，也没有真正思考什么可以让你的生活变得更好、更充实，那么即便我送你到天涯海角，你也就是随便到那里的商业街逛逛，买一些打折商品，然后买一些特产带回来给朋友，再买几种巧克力送人。如果你是这样旅行的话，人生的趣味性真的太少了，所以你做出改变的前提是，提升你的运动表现力和体力，你得先有体力和精力。很多人说拼到最后，拼的都是身体，这句话一点都不假。

人生很奇妙，当我 50 岁的时候，我不想感慨年轻时能做的事情现在无法再做。我想说我还有梦，我还想做更多事情。为什么我要做？因为我想给自己一个进步的目标。这样我就有一种动力，在跳的时候，我就觉得我应该还可以跳得更高，找回原来扣篮的感觉，因为理论上我以前可以扣篮，为什么现在不能呢？我一定可以，当我觉得我有这个机会，我就要试试看。最后是否成功，其实是另外一回事，但在这个过程中，我的人生充满了希望。人生充满着希望很重要，跟充满着无奈完全不同。

我们往往被无奈、被现实束缚、压制，生活让我们委曲求全地活着，活到最后，我们自己就成为委曲求全地活着的那个人。但事实

练就自由

上，我们不用这样委曲求全地活着，我们可以活得更自信、更自由。对我而言，不管我做什么工作，我的生活都可以变得不一样。当别人在谈论工作和生活的无奈时，如果你说"马拉松我可以跑三个小时"，他们就会发现你不一样。你还可以说"我上次去参加了障碍越野赛"或者"刚刚徒步瑞士、登顶山峰，在山里生活了五天四夜"，而不是以"我在瑞士买了一把瑞士军刀"终结话题。那一刻，你才会发现自己的人生原来可以不一样。你所感受、所体验的人生是如此精彩。

当我思考人生中的这些事情，我就知道健身对我来说已经不是为了减肥，更不是为了变得更壮这种表层的愿望。我有太多想要的，这些东西、这些事情、这些期待，其优先级远远高于良好的身材，我告诉自己必须坚持下来，于是就有了动力。只有这样我才会感觉自己是真正活着的，我要活到我能享受的最后一刻，在工作繁忙的时候我会全力以赴，在放假的时候我能说走就走。曾经有一次我在泰国一拍完戏就跑去巴黎跑马拉松，跑完马拉松后，没多久又去玩狗拉雪橇横越北极。有了这种体验之后，我可以把我的这些经历分享给别人。

我知道有很多人不明白这种感受，但只有真的经历过，你才能体会到和现在的生活迥然不同的感受。你知道那是一种和坐在办公室里的生活天差地远的体验，所以一想到这些你就会无比兴奋。而这一切始于健身，只有动起来，才能获得拥抱自由、拥抱变好的体力和体能，才能夺回对自己身体的主导权；只有动起来，才能更好地体验当下，才能改变你也许并不喜欢的当下，才能让你对生活充满了欣喜和期待。

我老婆在运动过程中也曾经历痛苦，她会抱怨为什么情人节和结婚纪念日还要去健身运动。她在健身的时候其实是会骂我的，甚至会在跑马拉松时让我滚开。之前她参加铁人三项比赛时，就是这样。但是不管路过的人用什么眼光看我，我都依然会站在她身边为她加油，陪伴她，鼓励她。当她累到不行的时候，她看见我就讨厌我，看见我就很生气，说她不用我加油，让我走开，总之各种话都说过。她忍不住一路骂我到终点，结果那次铁人三项比赛，她是众多女生中跑得最快的一个。骂归骂，但她就这样爱上了拼尽全力的感觉，等下次有比赛的时候她还想去参加。

以前的她从来不跑步，但是有一次我"强迫"她和我一起到法国巴黎参加一场马拉松比赛，她觉得时间太短，还浪费机票钱。而我对她说因为这是我第一次去巴黎，希望她能陪着我，一起去感受那个浪漫的城市。我们到巴黎的当天天色已晚，第二天一早吃完早餐就去跑马拉松了，跑完第二天下午就离开了巴黎。但在跑步过程中，流过的汗水、其他人的助威声和巴黎的微风都变成了我们一生中宝贵的感受和体验，无法用一张机票钱来衡量。

在那场马拉松比赛结束的次日清晨，她便自己去跑步了，回来之后又自己主动学习了很多马拉松相关的知识。曾经觉得马拉松是最无聊的运动的她，现在开始想跑马拉松，她会边听音乐边享受跑步，在跑步的过程中思考自己的事情。当她跑步的时候，她会沉浸在一个只属于自己的世界里，在那里她只与自己对话。

我不仅愿意去尝试各种不同的运动，也喜欢在运动中结交不同的朋友。在聊天中，可以分享很多有趣的事，也可以分享很多好玩的经验，而这就是健身改变人生的逻辑所在——越动越轻松，越动越自由。

第四节
不止于
"画饼"
的健身

健身是一种习惯，也是一种选择。年轻时放纵自己，年老时难免遇到麻烦。因此，当有些朋友发现身体出现不好的征兆时，他们才知道我讲的话是真的。所以我常常在想，我到底怎样分享健康的生活方式大家才会愿意听？

　　我知道讲理论很枯燥，一般人很难听得进去，所以我学会了给大家"画大饼"。

　　大家可能总能听到我在直播间带大家跳操的时候说："各位来加油！男人不练腿，只剩一张嘴；女人不练腿，怎么变更美？""今天你忍下来了，你明天就能坐躺瘦！坐躺瘦是不是大家想追求的？""这个梦想很棒，没问题，我告诉你，怎么实现，不是没有道理的，只要你愿意跟着做。"

　　我这可不是在讲大话。以我自己为例，就算我不运动，享受一般人的美食，但我还是不容易胖，因为我的身体代谢率高，以我过去锻炼打下来的基础，我坐在这边，都可能比长久不动的你燃烧的基础热量多，一般人一天的基础代谢可能是几百千卡，我可能就是你的两倍以上。基础代谢是维持人体基本生命活动所需的最低能量消耗。正常状态下它对整体的肌肉含量多寡、体脂率，会有决定性的影响。我明明没有你们年轻，为什么我的新陈代谢会比你们快？这就是日常锻炼的功效。

我从健身和运动中真正获益，所以我要把这些东西变成一张"饼"画给你。为什么？因为你很饥饿，但是暂时没有办法能够让你现在吃到，所以我必须把这张饼画给你，让你觉得有盼头，觉得自己可以，要冲了，可以马上拥有人鱼线、马甲线，这样才能够有相对长久的动力。

很多人都跟我讲，很多减重机构都向他们保证三天就能掉几斤。这种话我绝对不会说，因为我知道这种方法没有用，而且效果不持久。我只会告诉你们，你现在开始行动起来，坚持下去，才会越来越好。你体重虽然没降，但你身材变得更好了，因为肌肉本来就比脂肪重，心肺功能也更好了，不会稍微做点运动就上气不接下气。

我讲的话都是我思考过的，什么样的话鼓励效果最好，我就会用来"画大饼"，让你相信你能行。很多时候，一个人需要这些词来被吸引。

在帮人开启健康的人生这件事上，我是真心希望拯救那些想要改变的普通人，帮助他们找到症结，帮助他们摆脱无法摆脱的恶性循环。很多人在经济上或者说其他各方面可能都存在阻碍，刚开始他们不太愿意花钱请教练。然而，他们需要有人给他们输入正确的观念，并且在有限的能力范围之内找到力所能及的健康生活方式。

所以我出版的第一本书就是讲你不必去健身房，通过就地取材或简单的小器材，跟着我练，我就能让你练出好身材。因为一开始我就是这样练的，相信你也一样可以。你想要的不过是健康，这样开始就可以。

不要因为夏天要穿比基尼而急于追求好的身材，想要快速练出人鱼线或马甲线。很多人都是在看到具体的身材画面之后决定要减肥的，这样的动机流于表面，反而容易放弃。要不要穿比基尼这件事情你以后再想。不要给自己太大压力，刚开始，目标不要定得太高，重要的是先开始动起来。首先，你应该考虑自己是否能拥有更健康的身体循环，好的运动表现能力，并培养一些良好的生活习惯和运动兴趣，让生活更充实、快乐，更具多元性。即使你还没有明星级的身材，你整个人也会散发一种运动带来的光芒。

我在认识一个新朋友的时候，往往在第一眼看到他的眼神、精神状态时，就能大概知道这个人有没有运动的习惯。即使有的人身材不是最佳，可是我能知道他过去是什么样的状态。所以很多常运动的朋友，不用马上秀身材给大家看，大家都能看到由内而外散发出来的那种气息、状态，精气神是好的，人感觉是充满活力的。

你知道运动真正吸引人的是什么吗？我告诉你，它并不仅仅是秀身材、秀肌肉、秀马甲线这么简单的快乐。从小养成运动的习惯，是一件非常重要的事情。家长爱运动，小朋友也会向家长学习，在这种良好的亲子活动中，不知不觉，小朋友的手眼协调能力、在学校学习时的专注力、团队合作能力都会得到提高，这些能力会让他们受益一生。

魅力与健康密不可分，正因如此，你因为健康而收获的绝不会仅限于健康本身。

一般，多数大公司都在公司内部设有运动空间或者健身房，或者配置基础的健身设施，如乒乓球桌或者台球桌之类，这有助于帮助员工保持运动习惯。我认为这很科学，也很有必要。开始运动后，你会发现你变得更积极，你的压力也会更容易得到释放，抗压性会更强。在工位上久坐思考、开会以及讨论事情的时候，一般超过 60 分钟，你的大脑容易缺乏足够的血氧供应，你的思考就会变慢，专注力会下降，你的思考能力跟执行力就会降低。所以为什么在校上课时，总有课间十分钟，就是希望学生们坐了四五十分钟后，起来动一动，转换一下头脑，再投入学习中去，效果会更好。工作也是一样，开完一场会，做完一项工作，起来动一动，走一走，拉伸一下；午休时、下班后到健身房动一动，对工作效率的提升也有帮助。

我所谓的"画饼"其实是先把好处展示给所有人看，而外在的身材、人鱼线、马甲线就是最容易被看见的好处。当我吸引到你的关注，我会用不同的方式帮助你成为一个健康状态很好的人，然后你在生活上就会真正了解健康带来的重要好处，才会明白原来我不是真的在给你"画饼"，而是要让你变成吃饼的人。

当你成为吃饼的人，会有很多好事发生。我原本只是想告诉你，你会拥有好身材，但这些只是附加价值，还有很多快乐和喜悦的事是拥有了才知道的！

我不想让你在刚开始接触健身时就认为做这件事情的门槛很高、

很辛苦、很累、有很多限制。有句话非常重要，我想要分享给你们：信是所望之事的实底，是未见之事的确据。我想引导大家去相信，引导大家去看见：你有潜力，你可以的，你一定做得到，而且健康又美好的生活在等着你，就差你一个决定。

第五节
健身是一场顶峰相会后的前行

我们攀至山顶之后会看到美丽的风景，于是人们经常会用"顶峰相会"来比喻历经风雨见彩虹的辉煌时刻。但我一直以来在思考的，恰恰是顶峰相会之后会发生的事情。当你经历了汗流浃背、肌肉酸痛、身体疲累，最终登上山顶后，就是结束吗？不是。你面对的将是一座又一座山峰，而你已经体会过登顶的快乐，如果不能享受攀爬过程中的乐趣，怎么会有动力和兴趣去爬另一座山峰。

其实人生也是这样，绝大多数人都觉得我要追求成功，在这个过程中吃苦无所谓，总说吃苦当吃补，走到最后在顶峰相会，一切就都值得了，到此为止。

其实那个顶峰不是你的最终结果，也不是你追求的最终目标，就像跑马拉松，难道说跑到终点就不再启程，再也不跑下一次了吗？你的人生不是一次期待顶峰相会的攀登，而是一场勇往直前、再攀无数顶峰的旅行。顶峰相会的下一步是勇敢登上下一个顶峰，下一个顶峰可能更险峻，但是你觉得会很过瘾。在这个过程中，我们逐渐成为勇于面对挑战的人。当然，除了自律，更要懂得平衡，人是血肉之躯，不是机器，盲目的自律和严苛地要求自己，有可能为将来埋下一颗过度放纵的定时炸弹。

放到健身这件事上来，一旦懂得如何健身、拿回对自己身体的主导权之后，你的下一步计划或目标是什么？你开始了解身体运转的原理，懂得节制，摄入更健康、更均衡的饮食。随之，你的状态变得更好，睡眠也更充足。你会开始制订每周的运动计划，把健康的生活习惯固定下来。再接下来，你的目标是什么？

漫漫人生路，不管我们愿不愿意，时间总是往前走，我们也都在成长。本来是单身，后来有了家庭，要承担养老和育儿的责任；本来是一个每天工作八小时的打工人，成为主管之后，工作时长可能达12个小时；每天开始有更多的应酬……

生活中的每一个变化对每个人来说都是险峻的山，而我们所要做的就是不断面对挑战。

我曾经登上顶峰，而接下来我要面对的突破、困难，不过是下坡之后调整自己，整装待发，再上一个高峰。我知道在这个过程中我需要的不是"吃苦当吃补"那种苦大仇深的情绪，更不是焦心和忧虑，也不是将其当作险恶到无法跨越的境遇，而是我又可以有机会很好地认识我自己的身体，帮助我到达下一个山巅。所以我能够再次迎接另一个挑战，这个时候我期待看到的是这路上的风景，或者到达下一个顶峰的美景。顶峰相会不会是我的目标，我只知道这个过程到下一座顶峰又是我人生的另一次成长。

跟随我一起，在顶峰相会后，继续前行，把健康的生活方式和运动习惯坚持下来，忘记背后，努力向前，向着人生的标杆奔跑。

你要享受生活，
去尝试各种运动，
发现自己的
擅长和所爱，

不要局限于
健身这一个单一的目标。

在 30 多年的健身生涯中，
我通过运动
不断获得生活的灵感，

然后又通过生活
去反推健身的灵感，
不断鼓励自己往前走。

创造一个
积极的环境和态度，
找到乐趣和动力，

可以改变人们
对于一件事情的看法和心情，

让他们更愿意
去尝试和坚持下去。

我们的人生，
可以用我们的脚去丈量，
用我们的身体去感受，

如此，
这种记忆才会足够深刻，
才能成为我们灵魂的养分。

做好准备
再出发

饮食方法的大迷思

限制食欲，
就是等待下一次爆发

不是赶走垃圾食品，
而是找到能够取悦自己的食物

健身减脂到底怎么吃？

第一节
饮食方法的
大迷思

在整个国家、社会、行业的大趋势、大环境中，人们似乎都在讨论、都在说大健康、全民健身。但大家最好冷静下来扪心自问一下，你是跟风喊口号的人，还是想成为最先活出健康的人？

　　不少人会在不同的饮食方法中迷失自己，面对生酮饮食、地中海饮食、原始饮食、高蛋白饮食、低碳水饮食……其中大多数人都只是看了一些片面的证据，没有学习基础理论，也不知道别人为什么要这么做。如果只是照搬别人的成功经验，很容易出现一种情况：选定了某种饮食法，但又没能贯彻到底，坚持不下去，最终失败了，然后否定自己，认为自己没有办法靠合适的饮食方法减重成功。

　　全球有多达数千种饮食方法，很多国家也都会发布适合本国人的官方膳食指南。事实上，这些膳食指南都能帮你达成保持健康的目标，不管你是想要短期的减肥效果，还是希望可以长期执行，或是预防糖尿病及心血管疾病，你都能找到适合自己的一种饮食方法。也有相关研究证明，长期坚持科学饮食方式，能让人更健康。但如果直接把那些饮食方法的一条条拿来套用到自己身上，其实还真不是一件容易的事。

归根结底，体脂率低且健康的人并不是因为短期内采用了某种饮食方法才健康，而是因为他们坚持某种饮食方式，最终改变了自己的饮食习惯。

譬如地中海饮食法，它主要强调多吃水果、蔬菜和全麦谷物。当地人的饮食中最常见的食物包括橄榄油、牛奶、豆类食品，以及少量的葡萄酒等发酵食物。他们的调味料有罗勒、欧芹和薄荷这样的绿叶植物，这些调味料不仅源自天然，还富含多酚、抗氧化剂等有益健康的物质。与其说这是一种饮食方法，倒不如说这就是当地人长久以来靠山吃山、靠海吃海形成的饮食传统与生活习惯。对住在地中海周边国家和地区的人来说，坚持执行这样的饮食模式，只不过是日常生活的一部分，不用刻意安排，更不会难以坚持下去。而你的生活环境刚好也是这样吗？你叫成都、重庆的朋友不吃火锅，改吃这些试试？

因此，我们需要重新审视饮食模式。

第一个改变的观念就是：跳出"减肥餐"的框框，不亏待自己的身体。

很多人觉得容易发胖是因为吃得过多。对，但也不尽然，反而可能是因为吃得不够多，这里的"不够多"其实是不够均衡的意思，某样东西吃得过多，某样东西又吃得不够，才是发胖的根源所在。假如今天你只是吃炸鸡、薯条跟汉堡，很明显就会缺乏维生素，这就是所谓的营养不均衡。

我身边身材好的人对食物的"挑剔"绝不仅仅止步于拒绝吃某样东西，而是会想方设法去创造或搭配出自己想吃的食物。同理，选择健身这条路并不意味着要放弃许多美食，常常挨饿，而是需要通过一些搭配来使饮食更营养均衡和健康，更好吃！

也许今天你就是想吃汉堡、炸鸡，不是说不可以吃，而是吃的同时可以配上更多的蔬果。比如，在汉堡里加点新鲜番茄或者多种颜色的蔬菜，再搭配一点其他水果。这样可以避免某样东西吃得太多，同时补充足够的维生素，让汉堡炸鸡也变成相对健康的餐食，再加上适当的运动，有一个正常的消耗量就好。这样既满足了口腹之欲，也可以把热量控制在一个能接受的范围内。

也许正是这种把身体感受放在首位的思维方式，让身边身材好的人养成了类似的饮食习惯。他们并不是挑三拣四，这也不吃，那也不吃，而是吃得差不多了就放筷子，因为吃得太饱胃会难受；吃到太咸、太油腻的东西会过水涮一涮；如果中午吃得比较油腻，下午就多喝茶水，晚餐也会相对清淡以保持体内的均衡……

第二个改变的观念就是：跳出严苛的饮食习惯陷阱，尽可能吃得丰富多彩。

健康的饮食习惯，很重要的一点是吃得精细却很丰富，该摄入的营养元素总能找到方法补充到位。在这个方面，vivi 比我更有实战经验。我们家常吃的料理就有牛肉浓汤面、红酒炖牛腩、红烧鸡翅、糖醋虾，甚至很多人在减脂期会小心翼翼避开的米饭、冰激凌我们家都常吃。

拿我们全家都很爱的红酒炖牛腩来说，除了红酒、牛腩两味主材，还有番茄、胡萝卜、马铃薯、菌菇，外加洋葱、姜片和其他天然调料。这样的一餐，蛋白质、糖类、脂肪、膳食纤维、维生素、矿物质6大营养素全有了。在烹饪的时候，我老婆有藏一个巧思：牛腩不焯水，而是用热锅把上面的脂肪煎出油来变成牛油，这样既不用额外加油（油其实是要吃的，我的意思可不是一点油都不能吃，推荐葵花籽油、橄榄油等健康好油），牛油的香气还能增加一重风味。

再以米饭为例，vivi会选择用杂粮替换，比如黑米、红米、青稞、燕麦之类，或混搭来增加口感。她还会再加点胡萝卜和小葱一起蒸煮，这样既能让米饭的营养更加丰富，又不会使味蕾感到枯燥，还容易吃饱。

另外，像很多人健身时都会吃的冷沙拉，不论搭配的种类有多少，vivi基本都不会在餐厅或外卖平台点，因为她吃了后肠胃总会不舒服。她的做法是，条件允许时会自己去买想吃的蔬菜、粗粮、肉类，没那么多时间的话也会就着冰箱里现有的食材，简单蒸或煮一下，然后加天然调味料拌一拌吃。

只要稍微花一点心思，每一餐都可以做到营养全面又好吃。

第三个改变的观念是：珍惜食物的本味，养成"轻口味"。

很多年前，我就跟大家讲做菜不要放味精提鲜。当时，一些餐饮老板对此感到生气，他们说不放味精怎么做菜？我在外面想吃一碗面，去问老板："你的面能不能不加味精？"他说："我的汤头都是这样做的，如果不加味精就只能不放汤头。"

过去，你跟很多餐厅讲不要放味精，对方会说不放味精我们厨师不会做。我说少盐少油，他们也不能理解：少油少盐，这菜做起来怎么会漂亮？怎么能好吃？但是现在再看，街上很多餐厅都会写"本店承诺少油、少盐，不放味精、鸡精"。

至于为什么要这么做，其实是因为我们现代人的身体内不缺乏这些东西，而且在日常的饮食中，往往容易过多地摄入这些东西。食用油摄入过量容易引起肥胖，导致高脂血症；多吃盐会增加肾脏负担，并引发高血压；味精摄入过量会导致人体内矿物质流失，而且会让你越吃越多，吃完还口渴。

其实这些道理我们或多或少都有了解，但出去吃饭时，会发现大多数餐厅还是把菜做得很咸，或者放很多油，而且很多食客已经养成了这样的习惯，觉得菜不这样做就根本不"香"，味蕾越来越麻木，只能接受"重口味"，觉得"重口味"才是有"滋味"。

当一个人决定要开餐馆，或者要做食品的时候，他的动机和理念很关键，也很重要。就像做茶的会强调自己的茶叶来自高山，非常纯净；就像卖海鲜的，他们会说他们的海鲜临海捕捞，半小时上餐桌，多么新鲜。现在有很多重要的健康理念其实已经被大家接受。一旦接触到这样的优质食物，一个人原本的固执、原本的坚持、原本的习惯就自然而然会被改变，他会觉得这样也不错，可以试试。

如今在吃的上面我们真的是很方便取得，不怕没得吃，但愿意用心料理的店家很少。我相信未来会有改变，我们普罗大众对健康料理的认知愈清楚，需求改变了，供给也会改变。

这是一种循序渐进的改变，也是我一直以来想要带大家做的事。

第四个改变的观念是：对食物有耐心，细嚼慢咽，给身体时间。

虽然我一直没有怎么胖过，但曾经的我吃饭超快。因为是艺人，我的日程会排得比较满，加上我对食物没那么多要求，所以大多数时候只是匆忙填饱肚子，然后立马投入到下一件事情里。

这样的状态一直持续到我遇到vivi，她是一个吃饭吃不快的人。刚开始，我还是跟往常一样积极"干饭"，慢慢地她就会在吃饭时跟我说："你可以稍微吃得浪漫一点吗？可以不可以不要这么狼吞虎咽？我们可以吃得优雅一点吗？"

表面上看，她只是一个特别有仪式感的人。但后来我也有观察和思考，发觉她这种对吃饭的讲究不是矫情或刻意，而是真的在认真品味每一口食物。这样自然而然吃得就慢了，同时也真正能享受整个进食过程以及感知身体的反馈。

因为对食物比较有要求，所以vivi遇到自己不喜欢的东西或不好吃的东西时是绝对不会吃的。我则恰恰相反，就算不好吃也会快速吃完，因为妈妈常说："不要浪费粮食。"有多少人跟我一样，请会心一笑。如果是很早以前，我可能会觉得"这人好挑剔"，但相处越久，我渐渐被她沉浸在食物中的幸福模样感染，加上也了解到吃太快有不少坏处，如容易引发胃食管反流，发胖风险比正常的人高出4.4倍等，于是自己也慢慢调整了原先进食太快的习惯。

事实上，当我们吃得太快时，很容易出现已经吃了很多但营养并不均衡的状态，这样身体反而没有办法得到完善的营养补给和吸收，也就没有办法让增肌的状态达到最佳。跟着vivi吃，我才对食物有了耐心，开始养成慢慢吃的习惯。而这种习惯，刚好与一些科学健康的饮食理念相通，让我避免在收到饱腹感信号（通常有20分钟延迟）

　　　　　　　　　　　　　　　　　　　练就自由

前摄入过量的食物。

所以说，与其花上几天几夜对比哪种饮食方法更健康，还不如从最简单的细节开始，调整自己的饮食习惯，让自己的每一个今天都比昨天吃得更健康。

第五个改变的观念是：健身是为了更好地享受美食。

"健身是为了更好地享受美食"真的不是一句漂亮的宣传口号，而是我和vivi，还有身边很多朋友的真实体会。只要坚守"持续运动、均衡饮食"的大前提，譬如奶茶、炸鸡也不必完全拒绝，少糖、少吃、少喝一点，偶尔满足一下过渡期的（等你真的懂得健康，可能就不再这么想吃了）心理需求，下一餐多摄入些蔬菜或豆乳之类的植物蛋白进行调节，找到一种能融入日常生活并持续下去的平衡就很好，身体也会很舒服。

记得刚开始直播跳操的时候，中途我只会补充水分，次数也不太多，结果喉咙很容易嘶哑，而且因为出汗多，电解质、矿物质等一些微量元素也慢慢就有亏空。之后，vivi就很在意我的状况，她开始挖空心思找既能快速补充水分又不给身体造成负担，并且味道还不差的饮料，也会很努力帮我做各种各样好吃的东西补充能量。

有蛮长一段时间，我看见她抽空就查资料，或是在厨房动手做饮品，慢慢地才捣鼓出了大家后来看到的我们在跳操间隙喝的冲泡抹茶粉、黑咖啡、电解质饮和椰子水等。有时候看她兴冲冲跑来讲："今天又有新品可以试喝哟。"一日三餐，她也会变着花样为我做很多新食物，以补充蛋白质。她实在很可爱，我也被她的温暖感动。

现在的我，依旧不是说每餐都能做到细嚼慢咽（有时真的太忙，时间不允许），但与 vivi 在一起久了就会耳濡目染，学会去品味食物以及感知自己的身体反馈，不知不觉中吃得就慢了，也更了解和更关注饮食的均衡、健康的补给，帮助自己更有效地去做提升训练，这种好的饮食习惯，再反馈到身体上，也让我的状态更好，健身更有力气。

饮食习惯是一件很私人，且千人千面的事情。和健身一样，盲目套用他人的经验会令人非常痛苦。所以网上那些艺人的快速瘦身方法，别乱尝试。也别太在意条条框框的限制，好好享受每一口食材，静下心来与身体互动。

当我们好好吃时，也要好好练。只有正确对待饮食，才能真正实现增肌和减脂的目标，也能让心里都觉得饱足，而这就是最适合你的健康饮食法。

第二节
限制食欲，

就是等待
下一次爆发

你想到减肥这件事时，往往潜意识里就已经开始限制自己。每一次的自我限制，包括禁锢自己的食欲，其实都是在等待下一次的爆发，尤其是当克服这种痛苦的方法很简单——吃点自己想吃的东西就行时。所以下一次暴饮暴食基本就是必然的。我认为，你哪怕只有这种限制食欲的想法也是错误的。

很多健身、减肥类的书，都极力向你鼓吹：要"精密"计算热量，才能减肥、健身，然后列出一张巨细靡遗、密密麻麻的计算表，告诉你吃一块巧克力蛋糕、一块美味的牛排之后，你又多摄入了多少千卡的热量，常常会让一些想要减肥的人，每一顿饭都吃得战战兢兢，或者干脆宣布减脂期内自己绝对不碰任何高蛋白、高脂肪的食物！碳水什么的统统戒掉，每日就是青菜、水果、白水煮鸡胸肉，甚至有些夸张的人，连水果都不吃，因为怕摄入糖分。

且不说这样做到底有没有用，我真的很怀疑，这样做可以坚持多久？坚持三个月，瘦下来了，三个月以后呢？能这么坚持一辈子吗？如果你不是靠外表吃饭的艺人，不是健美选手，不是有某种运动类型的比赛需求，为什么要这样子呢？

在电影《情人眼里出西施》中有这么一句话："人总不能靠计算卡路里过日子！"

要知道光是咱们中国就有"八大菜系"，每种菜系都有数不清的好菜。世界之大，美食之多，更是数不胜数，如果在享受这些美食之余，还要担心"这一口又吃进多少千卡热量"，那实在令人扫兴，不是吗？

同时，这种计算热量的饮食法实际上是不太实用的，食物的成分和烹调方式非常复杂，我们不太可能确切地计算出，一餐到底摄入了多少千卡的热量，只能算个大概。而且，我们也不太可能这么"机械式""公式化"，像一个营养学专家，分配自己的饮食种类。而且，水果甜度不同，蛋糕甜点的做法及使用的原料不一样，每一餐怎么能够计算得准确呢？很多人说自己要减肥，平时对热量看似很敏感，但吃了一段时间的减肥餐后会突然放纵一下，暴饮暴食后又后悔不已，最终难免形成恶性循环。

关于这个话题，有一次网络事件给我留下了深刻的印象。当时我老婆在直播间卖我们精心为大家挑选的榴莲抹茶千层派。结果就有很多人跑来质问我们：这是减肥食品吗？既然你们推崇健康饮食，为什么还要卖这种加了奶油的甜点呢？你们知不知道榴莲有多少热量？

我听了以后觉得误会真的很大，大家还是没有跳出"减肥""控制饮食"这个框框。我之前多少次鼓励你吃好的食物、健康的美食，你全都听进去了吗？你真的照办了吗？你的生活习惯足够健康吗？

健康不是因为不吃榴莲抹茶千层派获得的，也不是因为这不吃、那不吃，饿得面黄肌瘦获得的。比如我们推荐的榴莲派，在做法上，用鲜奶油代替一般千层派用到的牛油或者反式脂肪酸，再加入有营养的榴莲，用微苦的抹茶调节味道，增加膳食纤维。这样一个派，吃得恰到好处，它并不会对健康造成不良影响。另外除了考虑热量，我们还要关注食物的营养价值。

没错，榴莲是高热量食物，但为什么还可以吃榴莲呢？其实还是看中它除热量以外的其他营养。再比如牛油果，大家都知道牛油果是非常有营养、健康的食物，但是不要忽视它的热量。一颗牛油果约有30克脂肪，这样说你可能还没有概念，但是如果说一颗牛油果的热量相当于吃三碗米饭，你一定会觉得非常可怕。但是我们仍然会把牛油果加入健康餐里。这是因为牛油果富含维生素、矿物质、膳食纤维等营养素，其含有的大量膳食纤维和健康的脂肪酸，有助于增加饱腹感，从而帮助控制体重，单不饱和脂肪酸则有助于降低血液中的低密度脂蛋白胆固醇水平，从而保护心血管健康。如果这样说的话，相信你对牛油果的看法就会变得非常不一样。

如果你平时都吃得营养均衡，饮食习惯比较好，那么你绝对不会担忧吃个派、吃块巧克力、吃一顿烤肉会影响你的体重。但是，如果你回到家饿了就来碗泡面，或者买一堆加了很多添加剂的食物，还来问我吃榴莲抹茶千层派会不会胖，能不能减肥，那么我真的无法回答。就像有人跟我抱怨说他喝水都会发胖，但我明明好几次都看到他在喝含糖饮料、碳酸饮料，这种情况下，如果他说自己喝凉水都胖，那也是有原因的。

我说的健康美食并不是减肥食品，当你讲减肥食品的时候，你还是陷入了短期目标的逻辑陷阱里，想的还是立刻、马上见到效果，而不是养成一个相对长期、可持续的好习惯。你想的是："我吃这些东西是不是就会瘦下来了？"就算我告诉你吃这个可以瘦，那你要怎么样？难道你要把抹茶榴莲千层派当饭吃吗？

还有一个例子，网络上流行非常多所谓的清肠道断食方法，譬如说一整天只吃水果，别的都不吃。那样吃会变瘦吗？当然会，那样吃一个星期，体重秤上的数字一定会变小。但是总不能一辈子都只吃水果吧！最后你会发现，你的食欲被压抑了三天也好，五天也罢，结局就是你忍不住了，然后又吃起了夜宵，泡面、外卖都安排上，来满足自己的食欲——这才是你发胖的原因。

很多美食，只要它的配料表足够"干净"，制作方法简单，就可以说它是健康的美食。

实际上，很多人说减肥，也只是嘴上说说而已，并没有真正思考影响这个问题的其他因素。因此，你需要关注吃某样东西后的身体反应，以及如何照顾自己、如何健康生活。所有这些事情都需要有一个顺序和逻辑，而不是只问吃某样东西会不会胖。我一天要弹多久的钢琴才可以像周杰伦那样写歌？我一天要练多久才可以拥有像你这样的身材？这些问题有正确答案吗？

所以，健康和健身这两个词，在不同的文化、教育和理念中，定义是不同的。当我谈论健身时，你也在谈论健身，但咱俩说的可能并不是同一回事。每个人的身体状况、生活习惯都不一样。有一个连续三年健身的朋友，一周五次，每次两小时，平时还经常打篮球，但周围的朋友都看不出他有健身。跟我训练之后，他发现以前的健身只是动一动而已；跟我训练一个月以后，他朋友都看出他身上健身的痕迹了，他也看到了自己明显的进步。所以很多人练了很久，都没有改变，很可能是你的方式不对。

这种不确定的因素太多了，我不能对很多事情妄下断言，只能告诉你，引导你自己去审视，以做出正确的判断和决定。就像我们之前讨论的，健身成功与否靠的还是你自己。只有你愿意主动去做这件事情，并配合我的引导，才有可能取得更好的效果。你需要真正意识到自己该吃什么，不该吃什么，该怎么运动，该怎么休息，你才能有实质上的改变！

另外，我想说的从来不是哪种食物更能减肥，而是综合意义上的健康。我不会鼓励你控制食欲，我们要做的应该是与食物合作，养成长期、可持续的健康饮食习惯。

第三节
不是赶走垃圾食品，

而是找到能够取悦自己的食物

曾经有一个客户来到我们公司，看到我们吃饭，很惊讶。我们的一餐饭，有鸡汤，有鱼，还有几样蔬菜，也有米饭。他说你们怎么可以吃这些东西，日常难道也这样？我也很诧异，说："不然你以为我们吃哪些？"他说以为我们会吃得更素，或者说"更健康"。

　　实际上，我们在"畎练村"里，就吃正常的饭菜，用我们自己买的油，不加味精，尽量少油少盐，没有什么添加剂，吃的都是健康食材，也没有刻意不吃肉，或者刻意不吃哪一种东西。

　　这位客户对我们的饭菜感到不可思议，我问他日常最喜欢吃什么东西。他说自己就喜欢吃各种泡面，还喜欢在网上买速食食品，一饿就想叫点重口味的外卖。他现在才 26 岁，听到他的这些饮食选择，我觉得不是因为他没有钱吃好的，而是因为过去的工作和生活的影响，他不知道什么是健康又好吃的。

　　现在我想问正在读这本书的你：当你饿的时候，你第一个想到的是什么？想要马上吃到的东西什么？

如果你想到的是各种各样的快餐和碳酸饮料，那么我想告诉你，你的过去可能已经被大众媒体或广告深深地影响到了。

广告可以通过很多种方式影响你的食欲，最简单的莫过于向你展示美味食物的图片，刺激你产生饥饿感和口腔分泌唾液，继而产生食欲。但我想说的其实是第二种方式，也就是通过展示家庭团聚或朋友聚会时享用食物的场景，产生情感共鸣并激发你的食欲。我们经常会在广告中看到炎热夏天里打篮球的男生，运动之后非常口渴，喝下一瓶冰镇的碳酸饮料，十分畅快；或者在阖家欢乐的节日里，全家叫了一份炸鸡外卖。这些有意渲染的快乐和幸福对你的影响远超你的想象。

但你并不是一定需要吃这个东西。就像我的孩子们，他们不会主动要求去快餐店吃炸鸡，是因为他们没受到太多快餐店的广告的影响。对他们来说，任何一家快餐店的汉堡都没有区别。如果我拿给他们一份真正的优质牛肉汉堡，用扎实的高质量牛肉馅饼配上汁水丰富的新鲜番茄，加上全麦面包，他们会觉得更棒，因此快餐店的汉堡就失去了竞争力。

在饥饿时人常易相信某种观念，并受到潜移默化的影响。比方说，你妈妈在你很饿的时候带你去某家快餐店过生日，这对你来说是一段快乐的回忆，所以你日后会觉得去那里是快乐的。你喝碳酸饮料，可能是因为你喜欢的某个偶像在喝，当你喝的时候，你感觉像他一样，你在喝一种感觉，然后慢慢形成了习惯，这种味道已经和某种愉快的体验产生关联，所以你觉得那个东西的味道是你想要的，你对

练就自由

它有美好的感受和回忆。当你喝到真正好喝的健康饮品时，也需要一点时间和环境，你才会慢慢品味出更多的口感，并了解它们对自己健康的帮助。

美好回忆造成的错觉，控制了你的大脑和食欲。让美好的事情与食物产生关联，就可以刺激食欲。很多时候，你家乡的美食不一定真的好吃，但你的回忆赋予食物不一样的味道。你吃的是回忆，而不仅仅是味道本身。但是你真正需要的不一定是那些食物，更不要让它们成为你生活的主要食物。你应该吃你真正需要的食物，而且你要了解吃什么对你的身体最好。

我并没有克制我自己，我也不会常常忍不住想喝汽水、想吃炸鸡汉堡，因为我的人生已经有太多比这些快餐和垃圾食品提供的场景更好的体验。相较于情境，我更在意的是那些美食本身。所以，当我想吃炸鸡时，我的第一个念头是我老婆用烤箱为我烤的美味烤鸡，或者用空气炸锅做的炸鸡，可以吃三只甚至五只都不腻的，我要是告诉你她怎么做的，也许你会流口水，嘻嘻！因为我回忆起的是老婆怎样带着微笑，把烤鸡端到我面前，而且她追求健康，采用的烹饪方法不会给我的身体带来那么大的负担，让我吃起来觉得非常愉快。

所以当别人和我说他就爱垃圾食品、改不了该怎么办的时候，我会告诉他你不必改掉，而是将美食与不同的情境结合起来，去了解那些美食以及自己内心真正的需求。

我讲个关于铁板烧的故事给大家听。有一家铁板烧非常美味，提前一个月订都不一定有位置，而且开车过去吃往返要三个小时。我一直告诉周杰伦要去尝试一下，但他觉得单程开车一个多小时太麻

烦了，一直不愿意去。后来有一天他有空，终于带昆凌去吃了，再后来，他不再觉得麻烦了，每一次去都会觉得开车三个小时，提前一个月订位置都是值得的。

这家铁板烧到底好在哪里？市区有这么多繁华的饭店，很多铁板烧都很不错。

其实这家铁板烧在做法上也没有什么特别的地方，秘诀就是用的食材新鲜。因为这家铁板烧就在港口的旁边，渔船现捕的深海海鲜，然后拿过来烹饪。用简单的方式烹饪，用天然的调味料调味，就很美味。很多市区的饭店很难取得那么新鲜的食材。这也是很多有机农家菜受欢迎的原因。

我只是让大家明白一个观念，食材新鲜大过于一切。你不必赶走黑暗，只要有光，黑暗自然会消退。你不用赶走垃圾食品，只要让自己在真正美好的场景和环境中吃到真正好吃的美食，如此，你自然就会爱上美食。

就像带小孩，你不必非禁止他看手机、打游戏，而是要让他接触更多好玩的运动、更有意思的事情，最后他就会选择其他的东西。我儿子有一天看完CBA（中国职业篮球联赛）回来，打球打到半夜十二点，我劝他早点睡，但是他不听，因为我小时候也是这样的个性。他打完之后我还帮他做拉伸运动，结果被我老婆骂，说都几点了还不睡觉。但我觉得没有关系，偶尔打篮球打到这样子，热爱运动，总好过坐在沙发上玩一天手机。

你不必禁止自己吃垃圾食品，因为真正的改变是给自己更好的食物，让自己体验到更天然、更健康的味道，让自己能够有环境、有机会吃到更多健康的美食，这样你自然不会再对垃圾食品如此渴望。

　　同理，我现在做的事情是给你另一种选择，让你在不同的场景与环境中都找到更好的食物，最后做到可以有选择，懂得什么是健康的饮食方式！

第四节
健身减脂
到底怎么吃？

在了解前面提到的饮食原则后，我相信即使是正在减脂的人，也应该知道该如何吃了。不过，坊间还是有一些以"增减体重"以及"健康"为导向推出的餐点，让你可以更方便地按照自己的需求来选择。你可以用我教你的饮食法则来挑选美食，选择那些不同功效的餐点来享用。

唯一要注意的就是吃对时间、分量适当，如此一来，根据自己的身体状况选择适合的饮食，用不同食材调配，就会助你达到增肌减脂、维持健康的效果。

以下是我的几个建议：

1. 不要乱断食，或者随便不吃三餐中的某一餐

既要满足现代人应对忙碌生活的体力需求，又要不发胖，最基本的原则就是尽量每餐都要吃。原因是怕大家因故挨饿后又暴饮暴食。

早餐是现代营养学中最受重视的一餐，原因在于，早餐是提供一天活力、精力的基本来源，在没吃夜宵的前提下，距离上一次进食可能已经超过 10 个小时，如果不吃早餐，整个早上人往往会昏昏沉沉的，没有精神，在注意力不容易集中的情况下，很难有效思考或记忆。到了中午已经饿得受不了，容易导致暴饮暴食，从而导致肥胖。最糟糕的是，有人因为不吃早餐而在会议等场合中昏倒，这就是身体发出的"严重警告"信号。

通常我一起床就先分几次喝掉 300 毫升的水，不习惯喝水的人，也可以加一小匙蜂蜜，让体内刚睡醒的器官得到水的滋润，对有便秘的朋友，也有一定的帮助。15 分钟后，准备三果一蔬和 6 颗坚果类食物驱寒（破壁机打的蔬果汁也可以，无糖的酸奶配麦片也不错），再以地瓜或南瓜等淀粉类食物作为主食，加个鸡蛋，这样早餐就相当丰富了！吃午餐前，再喝些豆浆加些小麦胚芽也不错。这么多年来，我一直坚持得很好，也督促家人不要错过早餐，因此养成了全家早睡早起的好习惯。这是一般情况，但也不会每天都这样，还是有许多可变化的，大家可看看 vivi 的书《食愈生活》。

多数现代人的午餐都是"外卖"，比如自助餐、盒饭等。现在大家上午九、十点上班，下班会比较晚，下午的工作往往又更复杂，花费时间更长。所以一定不要为了减肥省掉这一餐。午餐可以比晚餐吃得丰盛些，避免下午精力不足，但味别太重，也要避免碳水吃得过量而昏昏欲睡。

一般人总觉得，因为工作或上学的关系，早餐、午餐都无法好好享用，所以一定要用一顿丰盛、可以大吃特吃的晚餐来弥补。但是，这种做法不是那么好。

晚餐距离入睡的时间非常近，如果晚餐吃得太丰富、太饱，消化食物的时间就会拉长，入睡前要完成这个消化过程，便会给消化系统带来沉重负担。同时，晚间以及入睡时，人体的新陈代谢速度会减缓，晚餐吃太多，无法消耗的热量就会在身体内持续囤积，成为发胖的元凶。

最后，在睡前 3 个小时内尽量不要进食，若一定要吃，也要选容易消化的轻食。除此之外，三餐之外若有饥饿感，可以补充一点儿高蛋白食物、水果、能量棒或简单的淀粉类食物，避免自己在下一餐因为饿得太过而吃下更多食物。

2. 注意饮食的平衡

根据你的"个人目标"，选定主要食物后，每餐一定要搭配等量的蔬菜、水果，种类不拘，但是一定要吃。

所谓"饮食平衡"，其中一种平衡指的是"想吃"和"能吃"的平衡。注意饮食的平衡，最重要的是每天从所列食物中，挑一两份含蛋白质的食物、一小份淀粉类食物，外加蔬菜、水果，这样就不用担心会吃得肥胖又不健康啦！那些容易导致发胖的食物，甜点、米饭、面食、炸鸡等，大家不可能完全拒绝它们的诱惑。

在"想吃"与"能吃"的平衡下，你还是可以吃，但是记得不要"狂吃"，而是"浅尝辄止"，吃到就好。在心理上，你感觉吃到了喜欢吃的东西，不会产生"得不到，所以更渴望"的心理，不会觉得"亏欠"自己，而且不会过量。只有达到适度平衡，才不会让自己的健康和身材受到威胁。

另一种"饮食平衡"，则是种类的平衡。

比如今天晚上你跟朋友有约，来到一家咖啡厅，菜单上的主食同时有你喜欢吃的鸡肉沙拉与鸡肉三明治，而中午在公司或学校你吃了猪排盒饭，即已经吃过淀粉类食物，这时候就不要再吃同样含有淀粉的鸡肉三明治，应该点鸡肉沙拉来吃。再如选择饮品时，同时有你喜欢喝的咖啡和新鲜果汁，而早上已经喝了一杯咖啡，那就点杯新鲜果汁来喝，平衡一下。

记住这种平衡原则，在选择饮食的时候，慢慢地养成直觉或习惯。只要抓住这个大方向，还是可以吃得既尽兴又健康。

3. 注意饮食顺序

很多时候，我们只是在饮食顺序上出了问题，就导致无法改变的丰腴身材。

想要吃不胖，不只是控制热量、吃健康食物那么简单，甚至在吃饭的时候，先吃什么后吃什么都有可能影响减肥速度。眼前的这一顿饭对身体的影响可能微乎其微，但长此以往可能影响体重、腰围、血脂等。

传统的进食顺序通常是：先吃主食，然后再吃蔬菜或者肉类，最后喝汤。

例如吃水果这件事，其实饭前吃水果才是正确的进食顺序，如此不但能改善胃酸过多的情况，还能带给身体水果酶，帮助身体进行基础代谢、清理肠胃道，重点是还能增加饱腹感，让正餐不过量，既有助于减肥，又让皮肤变得水嫩且健康。

　　我的建议是：饭前可以喝一小杯水或吃少量水果，之后再选择高膳食纤维食物，如各种青菜，再吃肉类，最好是鱼、虾、鸡肉这样的白肉，或是瘦的猪肉、牛肉等红肉，最后再吃米饭或其他主食。这样的进食顺序可以延缓胃排空的速度，餐后也更不容易饥饿，这样你就不会管不住嘴再去吃一堆高热量的零食了。这些都是供你参考的饮食顺序，如果有时不能达成，也不用过度担心，观念、行为的调整和改变需要时间。

　　慢慢去改变，才能养成习惯，做一个快乐的长期主义者。

"又满足，又饱腹"的健康快餐

馋炸鸡、汉堡、薯条、汽水了怎么办？别急！用新鲜的食材、简单的厨具、少量的时间，你也能做出比外面快餐连锁店还要好吃的快餐！很多食物原本都是对身体有益的，可是不健康的料理方式，还有过多的调味料，甚至是用来保存食物的防腐剂，都会给身体肝脏、肾脏带来负担，也让新陈代谢变慢，食物也失去了原有的营养价值。所以能够自己做真的会令人更安心、身体更健康，有家庭的朋友也可以让孩子吃到比快餐店更好吃的快餐。

薯条　马铃薯含有丰富的维生素 B、维生素 C、铁和钙元素，经常食用能预防心血管系统的脂肪堆积及保持动脉血管的弹性。只要掌握正确的进食方式，它就会成为健康的主力食品。试试用空气炸锅炸无油薯条吧！你会发现味道也不错！

牛肉汉堡　牛肉含有丰富的蛋白质，具有强健筋骨、修复组织等功效，配上青菜、番茄或水果，使用低热量的面包（如果能自制更好），就能做出既美味又营养的牛肉汉堡。

炸鸡 / 烤鸡翅　鸡肉含有蛋白质、糖类、维生素 A、维生素 B、钙、磷、铁等营养素，但是一般快餐店的鸡肉都是冷冻的，不免让人担心鸡肉的质量，如果再用不健康的油炸，就会给身体带来更大的负担。买新鲜鸡肉，用空气炸锅，就能做出健康美味的炸鸡。当然用烤箱也不错，提前腌制入味，利用好天然香料，烘烤风味更佳，但也要注意盐的摄入量。

汽水　天然的气泡水（配料表就是二氧化碳和水）加果醋或果汁，就能成为健康好喝的汽水啦！这种汽水能促进身体整体健康，具有恢复年轻态的作用。很多人其实也不是多爱喝那些碳酸饮料，只是喜欢气泡进入身体后那种打嗝的快感和刺激的口感。天然气泡水加果醋或鲜榨果汁，是个不错的替代方案。

比萨　用健康的面粉制成饼皮，加上各种各样的蔬菜水果，搭配新鲜的海鲜或是肉类，再加上自制的手工调味酱（番茄、洋葱等）、奶酪等，放入烤箱，就可以做成营养好吃又健康的比萨了。

教练 TIPS

我们往往被无奈、
被现实束缚、
压制，
生活让我们委曲求全地活着，
活到最后，
我们自己
就成为委曲求全地活着的那
个人。

但事实上，
我们不用
这样委曲求全地活着，
我们可以活得更自信、
更自由。

而这一切始于健身，
只有动起来，
才能获得拥抱自由、
拥抱变好的体力和体能，

才能夺回对自己
身体的主导权；
只有动起来，
才能更好地体验当下，
才能改变你也许
并不喜欢的当下，
才能让你对生活
充满了欣喜和期待。

在帮人开启健康的
人生这件事上，
我是真心希望拯救那些想要改
变的普通人，

帮助
他们找到症结，
帮助他们
摆脱无法摆脱的恶性循环。

你的人生不是
一次期待顶峰相会的攀登，

而是
一场勇往直前、
再攀无数顶峰的旅行。

全家人，
动起来！

运动必须找私教？
但教你练的人不一定为了你好！

碎片时间 + 微量运动，
重拾健康生活的节奏

把家变成健身房，
低成本开始运动生活

给予爱，带上家人一起动

第一节
运动
必须找私教？

但教你练的人
不一定为了你好！

现在很多朋友觉得没办法靠自己坚持健身，就会选择去健身房报课程、找私教。但也有很多朋友跟我讲，找了私教，花了钱，最终并没有获得满意的效果，甚至失去对运动的兴趣。在展开说我对运动种类和选择的建议之前，我想先说说让很多人都很困惑、迷茫的健身房乱象，虽然这也许会得罪一些人。

在我的眼中，每个人都是不一样的。我相信每个人都有潜力，每个人都有自己的特殊之处，所以最重要的就是不断通过运动和训练，让你更专注于自己，让你更好地认识自己，更了解自己身体的运动表现能力，以及训练后的身体反应。

唯有认识自己的身体，你才能够更了解自己。不然，如果你只是把自己交给一个刚认识的教练，以一种程序化的方式训练，那么，你会被很多无效的锻炼消耗你想改变的决心。

我观察健身这个行业已经很久，自己也开过健身房。我发现，现在的很多健身教练也许会告诉你从哪里开始训练，一个步骤接一个步骤。去过健身房的人一定熟悉这个模式，跑多少分钟，在大器械上练肌力多长时间。每一次去健身房，你都是按照教练的指令死板地重复。这样做不枯燥吗？你真的理解为什么要这样做吗？而你又能坚持多久呢？

我想要告诉大家，一般教练不一定会告诉你健身的第一步是什么。健身第一步是先保证正确的方向，你的健身应该具有变化，要生活化，要有趣，这样你才会对健身产生极大的热情。

我在上一本书里写的很多内容，是希望这些教练看完后会在他自己的工作中有一点责任感、使命感和信誉感。

如果教练不了解学员的心理需求，长时间的教学就会容易陷入一种自我消耗中，坚持不了多久。很多健身教练觉得当教练很简单——当然，如果仅仅是成为教练，确实很简单，只要交个报名费去考个资格证，99% 可以考过。重点是先交钱。但是考试通过、资格证拿到，就意味着他们真的会教吗？你可以看到，在健身房里一些销售能力很强的教练自己其实不怎么训练，会练的教练通常只是自己爱练，但基本上不怎么会卖课，有的嘴巴不会讲，业绩也不理想。

真正优秀的教练必须自己热爱健身，又很擅长教学。这并不是一件容易的事情，自己会练未必会教，可有些会教的人又未必真的爱练，而且健身是学无止境的。

许多年前，我看过一个节目，调查大家对健身房的真实感受。当时的调查结果是，去健身房的人中 90% 以上的人都不满意，为什么？最大的原因就是健身教练本身以及他们的卖卡卖课行为让大家体验很

不好。

当然，不是说健身房不能卖卡卖课，如果健身房不收费用，那么健身教练很难生活下去，健身房也无法运营，所以问题不在于这些，而在于教练在沟通或者表达的过程中，能不能理解消费者真正想要做的事情，他心里面是不是真的为消费者好。但大量粗暴的业务推销导致大家对健身房的体验感不满意，常常练完几节私教课就不想再去健身房，或者只能换一家再试试。这种消耗其实很浪费心力，也很消磨人们运动的意志。所以前几年健身房一批一批地倒闭。但也不能一竿子打翻一船人，基于当时数据的体验调查是这样，可以供你参考。

当健身教练每次教学过程聊的都是卖课卖卡，话术是今天打了多少折，送多少课时，也许你会突然有点失望，觉得教练只是为了卖课，根本不是真正关心你的健康、健身问题。其实大多数情况，他也是被他的老板或主管所逼，只能把这件事当成首要任务来做。所以你会发现很多教学能力很强的教练最后离开了健身房，自己创立了工作室。而留在健身房的教练最后自己也不太练了，身材很多也走样了，虽然考了很多业务所需要的资格证，但是也不再进修教学内容，提升自己的能力，只是有个证照资质而已。

我只是把我观察到的告诉大家，让大家明白其中可能存在的误区，当然我也不希望大家就此对这个行业失望，因为我也看到很多新生的健身房，可以回归初心，而且训练方式很有趣、不枯燥，顾客的体验也很好，处于一种良性的运营模式中。与其把健身房当作"救命稻草"，不如先从日常生活中运动习惯的养成做起，这样你下次去健身房，也会更懂得如何选择对你有帮助的环境或教练。

第二节
碎片时间 +
微量运动，

重拾健康生活
的节奏

健身房，当然是一种可以选择的运动场地，但更多的时候，我想鼓励大家随时随地，利用你身边的器材和碎片时间来运动。我知道很多朋友工作非常忙，很难挤出整块的时间去运动。然而，我希望我可以在这里播撒一颗"爱运动"的种子，带你利用零散的时间片段，选择做自己喜欢的运动。不要担心碎片化的运动时间不够，不能达成效果，只要动起来，总比整日坐在那里好。

　　除了跳操，还有许多其他运动方式可供选择。即使错过了我的直播，也可以跟录播，还可以利用闲暇时间跑步、骑单车、游泳等。选择适合自己的运动方式，最好是结合多种运动，这样可以使我们的身体得到更均衡的发展。就像我和 vivi，我们私下里也会去健身房做综合力量训练，或者周末和孩子一起爬山、骑车等。如果你不知道如何选择合适的运动组合，我为你提供以下四个建议。

1. 有氧运动

有氧运动可以促进体内脂肪的燃烧，增强心肺功能和提高运动效率，降低心血管疾病、高血压等现代生活病的风险。对于经常忙于工作和学业的人来说，有氧运动是最为关键和基础的运动方式。建议每周坚持 3~5 次，每次不少于 40 分钟的有氧运动。当然，舞蹈、快走、慢跑、爬山、骑车等运动也是很好的有氧运动。我有个朋友，就很喜欢在周五下班后快走回家，一路上戴着耳机，听着劲爆的音乐，走路回家出一身热汗，一天的疲惫反而一扫而空，可以活力满满地迎接美好的周末和为下一周做准备。

2. 无氧运动

无氧运动是指在肌肉缺氧状态下进行高强度、短时间、剧烈的运动。这种运动负荷较大，瞬间性很强，难以持续较长时间，并且疲劳消除的时间相对较长。

建议每周进行 2~3 次，每次持续 30~60 分钟的无氧运动，如深蹲、俯卧撑、弓步以及使用弹力带或健身器械进行阻力训练。

在进行无氧运动前记得进行 10 分钟的暖身，以增加血液和肌肉的氧含量，减缓健身后的肌肉酸痛。同时，切记不要盲目增加训练强度，要循序渐进，做好保护措施，动作要准确、标准，以防受伤。

那么，如何判断一个人是在做有氧运动还是无氧运动？这个判断不是看他是在跑步还是推器械（百米冲刺属于无氧运动，而划船类器械则是不错的有氧运动，但也可以成为无氧训练），更重要的是观察运动时的心率水平。

　　　　　　　　　　　　　　　　　　　　　　练就自由

通常来说，做有氧运动的时候，心率会达到最大值的 60%~80%，在这个心率区间持续运动 20 分钟以上，依靠氧气供应来促进身体循环，燃烧热量。有氧运动意味着通过有氧代谢提供运动所需的能量，可以使能量底物（主要是糖和脂肪）氧化，随着运动时间拉长，能够产生大量的能量。然而，运动强度不宜过大，这样才能让系统源源不断地产生能量（氧化底物）。有氧运动的强度相对较低，可以持续较长时间。

相比而言，做无氧运动时心率会很高，差不多能到最大值的 90% 以上，进行时间短。无氧运动的作用在于持续训练肌肉，促进肌肉撕裂，甚至能增肌。无氧运动不需要通过氧气来产生能量，它本身就能在短时间内产生大量能量，其主要燃料是糖。

正是因为心率是关键，所以体重、心肺功能、肌肉含量等不同的人，可能出现做同一项运动时"你做的是有氧运动，换我变成无氧运动"的状况。打个比方，体重基数比较大又刚刚开始健身的伙伴，心肺功能还比较弱，如果他把跑步机时速设置为 7.5 公里以上，心率就会达到很高，甚至会感觉缺氧，实际心率可能已经接近无氧运动区间了，如果继续硬撑，就很容易受伤或发生意外。遇到类似状况的学员，我会建议他们在初期优先选择划船器械、骑自行车之类的运动，以循序渐进的方式开始，一方面逐步增强心肺功能，另一方面尽可能避免给膝盖和关节带来负担。等身体素质提高后，再慢慢改换其他项目训练。

关于有氧运动，还有一个很有趣却蛮容易被误解的点是"看起来像是在做有氧运动，但已经在做无氧运动了"。举个例子，像我带大家跳的健身操《本草纲目》或《周大侠》，表面上看是在做有氧运动，但跳过的伙伴一定都体会过心率飙升到超高、上气不接下气的感觉。此时此刻，我们的身体就已经进入无氧运动的状态了。

无论是有氧运动还是无氧运动，它们改善我们身体的机理都在于激活我们习惯久坐不动的身心，比如，一次简简单单的跳操会充分调动心脏、肺、骨骼和关节等部位，最重要的心肺系统、血管系统，以及骨关节系统和其他一些相对次要的系统都被积极调动了起来。这是由一系列内分泌调节引起的，可促使身体分泌激素来支撑特定运动或高强度运动。因此，跳操对于减脂的作用其实已经不言自明。眼见为实，远的不说，大家也见证了 vivi 跟着我在直播间跳操的神奇变化。我们最早开播是在 2022 年 2 月 18 日。3 月初的时候，她还是有点肉嘟嘟的（也可爱的啦！），开始一两周没发生什么变化，慢慢地，一个月、两个月，直到 6 月有热心网友做了前后对比，vivi 自己一看都被吓到，整个人小了一圈哦！当时我们还开玩笑说"终于从 VIVI 变成了 vivi"。

到底该选无氧运动还是有氧运动呢？首先，我想说的是，这不是二选一的问题，根本不用纠结。比如我的跳操有无氧，也有有氧。每种运动都有它的作用与功效，每当我们移动或者改变静息代谢率时，我们的身体都在被激活和赋能。其次，在保证安全的前提下，动总比不动好。但如果今天我们健身的目的是塑造身材、提升身体的运动表现力或养成易瘦体质，那么我鼓励大家将重点更多地放在增肌上，分配多一点时间做抗阻类无氧运动或肌力训练。对于刚开始运动的朋友来说，跟我一起跳操是最好的选择。

3. 拉伸运动

拉伸运动非常重要，各位健身的男孩女孩一定要记得在跳操或其他紧张运动后进行拉伸。跳操会消耗大量的体力，导致肌肉组织长时间处于紧张状态，身体容易僵硬不灵活。

拉伸运动可以加速乳酸代谢，缓解乳酸堆积引起的肌肉酸痛感。记住，坚持拉伸运动对于保持身体柔韧性和减轻运动后的不适感非常重要。千万不要觉得麻烦（因为我以前也是很烦要做拉伸），不然之后身体会更麻烦！

4. 平衡运动

随着年龄的增长，我们的平衡系统，包括视力、内耳、腿部肌肉和关节，很容易变得脆弱。而训练平衡能力可以有效预防这些变化带来的不利影响。

除了平衡训练的训练动作，陆地冲浪也是一种很好的辅助训练平衡能力的运动。进行陆地冲浪不仅能够享受游玩的乐趣，还可以锻炼核心力量和平衡力。周末有空时，我会和儿子宇恩以及其他朋友一起相约户外进行陆地冲浪运动，这是一种非常好的放松方式。滑板、长板也都是不错的选择。

无论是碎片化时间还是整块时间，我都推荐大家做上面说的这些运动。如果不以时间作为划分维度，我也有运动秘方给你，那就是人人都能接受的微量运动。不管是老人、小孩，还是中年人，微量运动都是你开始动起来最好的准备，也非常有助于调节生活节奏。聚沙成塔，积少成多，请大家不要忽视这一点小小的改变，也许它就是你养成健身习惯的最好契机。就算不能经常有完整的时间运动，它对改善身体状态也有帮助。

我说的微量运动绝对不是要让你的生活更疲惫，而是借用休息的片刻，利用碎片时间达到充分的运动量并增加体能。这样的方式会让你的专注力更好，工作效率更高，我希望你的体能和肌力随着年纪慢慢增加，而不是因为忙碌变得越来越差。我希望即便以后健身的时间比年轻的时候少，仍然让你 30 岁、40 岁、50 岁都充满活力。这一切都需要打好体质的根基，日后只要进行简单的运动，就可以让自己轻松维持最佳状态。

在办公室也能做!
消解疲惫的拉伸动作

我在这里想给大家推荐几个适合久坐上班族的局部拉伸运动，无论是在家看电视还是在公司电脑前，都可以随时随地进行。我和 vivi 也经常做这些动作。

颈后伸展： 颈后伸展是一种能够舒缓颈部肌肉紧张和僵硬的拉伸动作。首先，坐直或站立，把手放在臀部或大腿上。然后慢慢将头向后仰，但不要过度仰头，直到感到轻度拉伸。保持这个姿势 15~30 秒，感受两侧肩颈的拉伸，然后缓缓抬头，也可以用手轻轻按压头部，然后慢慢回到起始位置。重复这个动作 3~5 次。

背部拉伸： 背部拉伸是一种能够放松背部和腰部肌肉的拉伸动作。站立或坐在椅子上，双手交叉放在后脑勺，将头向下压，使下巴靠近胸口，同时保持肩膀放松。感受到适度的拉伸后，保持这个姿势 15~30 秒。然后慢慢回到起始位置，重复同样的动作 3~5 次。在做这个动作时，不需要用力扭动头部，而是将头直接向下压。

教练 **TIPS**

肩胛骨后缩拉伸： 肩胛骨后缩拉伸是一种有助于放松肩胛骨周围肌肉的拉伸动作。坐直或站立，夹紧腋下，双手握拳，将肘部向外张开，同时向后拉伸肩胛骨。保持这个姿势10~15秒，然后放松。重复此动作5~10次。这个动作的重点是将肘部向外张开，同时向后拉伸肩胛骨，以感受到适度的拉伸。

手臂交叉伸展： 手臂交叉伸展可以拉伸肩部前侧和胸肌。将右手伸直，水平放在胸前，然后将左手放在右手肘后方。轻轻向左侧推动右手臂，直到感到舒适的拉伸。保持这个姿势15~30秒，然后换另一侧进行。每侧重复这个动作3~5次。

髋关节拉伸： 髋关节拉伸是一种能够放松髋部和大腿内侧肌肉的拉伸动作。坐在长凳上，双腿张开，尽可能地向两边伸展。保持背部挺直，用双手抓住长凳的边缘，向前倾身，直到感觉到髋部和大腿内侧有适度的拉伸。保持这个姿势15~30秒。然后慢慢回到起始位置，重复这个动作3~5次。在做这个动作时，不需要强行超过自己的极限，而是根据舒适程度进行。

这些动作可以根据个人的舒适程度和需要进行调整，记住，保持呼吸平稳，并避免用力过度。如果你有严重的肩颈问题或慢性疼痛，请在尝试这些动作之前咨询医生或专业的理疗师。

我强烈建议经常加班的朋友多做肩颈拉伸的动作，尤其是女生，肩颈拉伸可以帮助你快速改善斜方肌问题，练出优美的颈部线条。

教练 TIPS

教练 TIPS

让你随时随地都能运动

以下这些微量运动大家可以直接做起来，将它们融入日常生活中，长期坚持。做微量运动并不需要高强度的训练，但它可以逐渐让你接受运动，当你形成运动的习惯后，反而会觉得不动不舒服。

行走或快步走： 无论是在上班路上还是在家中，利用碎片化的时间多走动。也可以在午休时间去周围的公园散步。每天多走几步，逐渐增加步行的距离和时间。

步行上下楼： 利用步行上下楼的机会进行微量有氧运动。根据自己的身体状况，可以慢慢步行或者加快步伐。这个运动可以提高心肺功能和下肢肌肉的耐力。步行上下楼时也可以手扶栏杆，一次一阶，或者一次两阶。不用真的爬上楼和下楼。

上肢活动： 在工作或休息时间，可以进行一些简单的上肢活动来活动手臂和肩膀。例如，进行手臂的伸展和旋转运动，或者使用轻量级哑铃进行简单的上臂锻炼。

练就自由

腹肌和背部拉伸： 在晚上睡觉前，可以进行一些腹肌和背部的拉伸运动。这有助于改善睡眠质量，并缓解一天的压力。尝试一些简单的伸展动作，如腹肌伸展、背部扭转等。

平衡训练： 在家中或办公室里，可以尝试进行一些平衡训练来增强核心稳定性和肌肉协调性。例如，站立时尝试单脚站立，或者在平坦的地面上进行一些简单的平衡动作，如单腿深蹲或单腿站立。

随机跳跃： 利用碎片化的时间进行随机跳跃。你可以在家里的空地上或户外的空旷区域进行。跳跃可以增强心肺功能和全身肌肉力量。助跑跳、原地弹跳、单脚跳、左右跳都可以尝试。

教练 TIPS

第三节
把家变成
健身房，

低成本开始
运动生活

我还有个好玩的终极秘诀分享给大家，希望帮助大家把健身坚持下去：居家健身，开启你的低成本运动生活。

当谈到居家运动时，许多人问的第一个问题是："我需要购买哪些器材？"我的答案是，可以先不着急购买器材。请大家回想一下，居家运动时最常遇到的情况是不是只有三分钟热度？然后责怪自己意志力不足，最终放弃或重蹈覆辙。然而，我想说的是，这并不是因为你缺乏意志力，而是你还没有找到正确的方法。

还有人会比较怕羞，不想在大庭广众之下暴露自己身材的"短板"，担心别人看到自己运动时的"狼狈相"，也不喜欢去公共洗澡房；或者单纯就是不喜欢被教练当面督促的感觉。这些想法都很正常，我统统能理解。所以，居家健身就是为这些朋友准备的。

我曾经认真观察过很多学员，那些能够坚持锻炼的人具有两个共同点：低成本启动和快速见到改变。所谓低成本启动是指可以用最简单的方式开展运动，例如跑步，只需要一双舒适的运动鞋和一条随意的线路，你就可以开始。低成本启动是跑步成为最受欢迎的运动方式的关键。

同样地，如果你想让居家锻炼变得持久，关键是尽可能地降低启动成本。对绝大多数初学者来说，你可以把那些琳琅满目的健身器材统统放一边，一般只使用房间里已经存在的设施、物品和自身重量进行训练就足够了。

我给大家推荐的一个设施是每个房间都有的，特别适合初学者用来协助练习，那就是墙。我将介绍三个简单的动作，分别可以训练臀腿、上肢和核心肌肉群。

1 靠墙静蹲

背部完全贴在墙上站立，双脚向前，慢慢向下移动直到类似坐姿，然后保持这个姿势。每次尽量坚持到身体抖动或无法再坚持时站起来。

动作要点：脚掌与小腿成 90°角，小腿与大腿成 90°角，膝盖与上身成 90°角。

2 面壁俯卧撑

面朝墙壁，站在稍远的地方，双手间距稍微宽于肩膀，微微踮起脚尖，身体略向下斜靠着墙壁。下降时，慢慢让胸部靠近双手两侧，接近墙壁时，再慢慢呼气推起。

动作要点：手臂在下降时与身体成 45°角，避免横向打开。

3 面壁踢腿

面朝墙壁，双脚离墙壁大约两步的距离，双手撑在墙上，双腿伸直并微微踮起脚尖，身体稍微倾斜，然后轮流用双手触碰另一侧的膝盖。

动作要点：保持腰杆挺直，收紧腹部。

除了墙壁，许多居家设施都可以为我们提供锻炼的机会，比如椅子、水壶／水瓶、行李袋等。只要你有决心，这些东西都可以提供非常多样化的运动方式。等到你对基础健身动作都熟悉了，再去购买弹力带、跳绳、健腹轮等器械也不迟。

对任何级别的健身者来说，动作的准确性永远是最重要的，其次是次数和速度，尤其对初学者而言。由于居家健身是在家里进行，因此我特别建议大家在开始训练之前花些时间"预习"每个动作，最好能对照镜子练习，或者让家人帮你拍下你的动作，对照示范，看看到底是否标准。这样可以避免盲目行动，也能更快地看到效果。

我的期望是让更多的人体验到健身带来的乐趣。同时，我也希望大家能够更加智慧地健身，更轻松地投入运动，从而更从容地享受生活。

练就自由

找一个志同道合的小伙伴 也能增加坚持的动力

个人独自坚持一件事很难，但如果你身边有一个相互鼓励的伙伴，成功的概率会更高。我自己也有这样的经历。例如，当我进行负重训练时，每组一般是 8~12 个动作，但当我想要突破自己的极限时，身体机能可能会达到顶峰状态，肌肉会短暂失力。这时，一个健身伙伴的帮助就显得非常重要，他可以在旁边提供辅助力量，帮助你多完成几个动作。一旦突破了极限，效果往往会倍增。此外，健身初期，我们通常很难坚持下去，如果有志同道合的朋友一起，相互邀约、相互监督，我们就能更轻松地完成健身计划。正如 vivi 能够迅速瘦下来，离不开大家在直播间的监督。有很多男孩女孩都有各自的群组相约跳操，彼此鼓励，也有很多美好的见证分享。

除了在家里或办公室随时随地动起来，我还鼓励大家多去户外活动，多与大自然接触，你会发现户外活动将给你、给你的身体带来意想不到的惊喜与变化。

健身的初衷应该是拥有健康的同时也能感受到快乐。即使你身材微胖，只要保持健康，我都会由衷地祝福你，以你为

教练 **TIPS**

荣，你的自在就是最棒的。

不管你选择什么样的运动，无论是室内有氧运动还是室外活动，例如爬山、骑行、球类运动等，我都希望你能愉快地享受生活。

健身的真正价值并不在于八块腹肌或漂亮的人鱼线，这些只是额外的附加值。健身的真正价值在于给人带来身心的愉悦和生活的改变。

大家都已亲眼见证 vivi 在过去一年的变化，从 VIVI 变成 vivi，从一开始的痛苦表情到现在在直播间运动的游刃有余。她在日常生活中越来越自信，愿意尝试更多新鲜事物。看着她在事业中不断发光发热，我感到非常开心。

当然，不仅仅是 vivi，我还看到很多粉丝在网上展示他们跟我健身一年后的变化，如瘦身成功、变美和变得更健康等。

我的好朋友杰伦就是一个很好的例子。他患有强直性脊柱炎，晚上睡觉时经常无法平躺，只能坐着。在我不断地劝说下，他终于答应和我一起健身。但由于腰椎有问题，他需要付出比常人更多的努力和承受更多的痛苦。经过三四个月的锻炼，他的腰椎问题有所改善，他开始享受运动，并开始参加各种户外活动，如冲浪、爬山和骑自行车等。现在只要有机会，我还是会继续劝说、督促他健身。

通过与志同道合的小伙伴一起运动，你们可以分享成功和进步的喜悦，共同克服困难和挑战。这种互相支持和共同成长的经历会让你们的友谊更加深厚，并为你们的健身之旅增添更多乐趣和动力。通过运动，我们也可以改善亚健康状态，增强身体素质，提高生活质量。我希望每个忙碌的打工人都能关注自己的健康，抽出时间进行适量的运动，让生活变得更美好。同时，也鼓励大家与志同道合的小伙伴一起，互相鼓励、支持，共同享受健身的乐趣和成果。坚持下去，你们会发现健身不仅仅能改变身体，更能改变生活。

教练 TIPS

第四节
给予爱，

带上家人
一起动

要实现"全民健身"的目标真不容易，为了助力这个目标的达成，我需要努力的地方还有很多。而在这个过程中，我发现，作为健身教练改变我家人的观念是最难的。

　　虽然我对待别人很客观，但对待我的家人，我却没办法避免主观的看法。我可以毫不犹豫地说，我老婆vivi是我带过的最难教的学生，曾经为了不锻炼，她会用各种话骂我。而世界上最难管教的孩子就是我自己的孩子。我爸爸80岁了，也是很有个性，之前教他，他总觉得他有自己的一套方式。不过现在我老婆已经养成很好的运动习惯了，我爸爸也开始跟着我一起跳操，从15分钟到半个小时，最终他能跳完全程。他的肌力越来越棒，走路越来越有劲，吃饭也更香了。他和我妈，还有我岳母都在我的直播间跳过操，给了很多人信心，六七十岁、七八十岁的老人，只要坚持健康的生活方式，一样可以这么棒！

我一直认为，健康的伴侣关系、健康的家庭关系和健康的生活方式这三者之间存在着神奇的联系。保持身体健康不仅能够给我们的生活带来巨大的改变，还能够让我们更好地享受人生。当孩子们长大后，我们可以与老婆或老公四处旅游。例如，爬上高山，在山顶上欣赏美丽的风景，露营、烤肉，享受美味的食物，而不必担心健康问题。这意味着，我们不仅可以更好地享受生活，而且可以建立更亲密的关系，分享人生的点点滴滴。

对成年人而言，其实只要给他／她讲道理，再陪他／她一起练，其实就已经成功了大半。现在很多家长都希望自己的孩子不仅学习要好，在体育方面也不能落后，但又不知道怎么激发孩子的运动兴趣，让他们真正爱上运动，所以我想重点讲讲我的"奶爸"经验。

对我来说，带别人的孩子还算容易，我根本不怕带别人的孩子，甚至算得上非常擅长。

以前，我经常在上健身操课之前带小朋友跳操，当大人们去运动时，我就带着孩子们去公园玩，设计一些小游戏、小比赛，但我并不是像一般玩法那样去追逐他们，不然他们会因为紧张而容易摔倒，所以我会让他们来追我，这样我就能控制他们的速度，还能帮助他们锻炼我想要他们锻炼的地方。我们一起玩得非常开心，我记得他们玩了一两个小时后都非常疲惫，回家后就呼呼大睡，根本不会再让家长头疼。

其实很简单，爱玩是小朋友的天性。因为他们对外界所有事物总感到新鲜又好奇，常常自己就能嗨起来。

记得有一天晚上，全家人都在客厅休息，我和 vivi 决定播放一

些音乐，为家庭气氛增添些许趣味。正当一首律动感很强的歌曲播放时，哥哥宇恩突然开始跳街舞，而正当我们都来不及反应时，姗姗淡定地站到宇恩对面，摆出了战斗姿势，配合着旋律，他们直接展开了一场对决！

那一刻，我、vivi和旁边的泡芙都变成了他们的粉丝，一边嘿嘿嘿地跟着节奏，一边为他们鼓劲加油，仿佛置身于一场精彩的演唱会中。每当我们回想起这一幕，总会忍不住开怀大笑。

我相信每对父母都曾经历过孩子们的这种可爱瞬间。后来，我和vivi渐渐发现，宝贝们的"灵光乍现"其实只需要一个触发按钮（音乐就是宇恩和姗姗精彩对决的按钮）。从那以后，我们家开始定期享受全家的"乱舞时光"，再加一点营造氛围的灯光与音乐，每个人都跳得非常欢乐。

那么，我们应该如何找到这个按钮呢？根据我的经验，将玩乐融入日常生活中，让孩子们自然地投入其中，是个不错的方法。举例来说，大家都知道我是个健身达人，所以当孩子们稍微长大一点，需要训练手、足、眼、脑相互协调时，我开始逐步引导他们去感受和参与一些运动项目。

有一次，我正准备做几个锻炼上肢的引体向上动作，恰巧泡芙和姗姗看到了，她们赶紧跑过来，一人抱着我的一条大腿挂了上去。于是，我放弃了引体向上的练习，改为双腿模拟荡秋千，她们觉得这样很好玩，也产生了对运动的积极态度。

通过这样的积累，当我教孩子们参与其他运动时，他们会迅速接受并加入其中。等到孩子们逐渐习惯并热爱上日常生活中的运动后，

我和 vivi 会不时地设计一些小活动，不仅是为了调节气氛，更重要的是为他们提供有成就感的反馈。

回想一下，我们的家庭集体活动还真不少。我们曾办过"家庭才艺大赛"和"刘家运动会"。家庭才艺大赛是在孩子们还比较小的时候举办的，哥哥宇恩展示了超帅的嘻哈街舞，泡芙则抱着一把小吉他优雅地边弹边唱《小星星》，姗姗表演了一段猴子爬树的动作……

而"刘家运动会"则是我们家保留的一个项目。自从第一次举办以来，孩子们就特别喜欢这个活动。大致的流程是每个人需要越过不同的障碍，成功完成后，就能打开冰箱，拿到属于自己的奖牌。有点像男生女生向前冲的儿童版。每次和孩子们一起玩耍，我自己感觉像是暂时回到了小时候，因此也更享受和珍惜这样的时光。其实，大人们内心深处也都是个孩子，只要氛围足够好，无论玩什么都能成为促进亲子关系的良好催化剂。

平时，我们也会约朋友到户外，让孩子们一起玩。比如，我们经常与吴尊一家组队进行篮球对抗赛，不是以家庭为单位，而是大人组一队，孩子们组一队，互动常常会带来温馨凝聚的氛围与意想不到的乐趣。

其实不仅仅是大人，孩子也需要我们陪他们一起玩，而且他们的要求更直接、更主动。不像大人，即使自己想通了、有动力，没有别人陪伴也无妨，可以自己去做。很多家长在外打拼了一整天，大部分人回到家后多半是疲惫地瘫在沙发上，对小孩希望陪伴他们玩耍的哀求，往往会因身心疲惫而心有余力不足。因此，小孩也只好有样学样，跟着你一起看电视；或者家长直接丢给小孩一个平板电脑或者手机，让他／她自己玩。而你和小孩之间的亲子关系，就这样在一次次的敷衍中渐渐疏远了，而且小孩还很可能因此对电子设备上瘾，让你悔不当初。

他们长大后，你又责怪孩子不听你的话，感觉你们之间有代沟，但这是因为从他小时候开始你就没有与他进行互动。或者，你觉得自己在外辛苦工作，回到家就期望太太尽心服侍你，但你从来没有在乎过她的感受，导致夫妻间缺乏互动，感情变差。正因为这样，许多人的家庭关系才会出现问题，他们回到家后不仅不能好好放松休息，而且要解决更多的家庭问题，使自己更加筋疲力尽，形成恶性循环。

除了应对忙碌的工作，男人也是家庭的火车头，需要为家庭负责，帮助太太分担家务，共同照顾小孩。当我们带着小孩出去玩的时候，小朋友被蚊子叮了，我们应该有心理准备今晚可能睡不好觉，因为他们可能会挠痒抓破皮，有可能会导致蜂窝性组织炎。因此晚上我们要细心照看并为他们擦药，以保证太太晚上能有一个好的睡眠，这样她在白天才能有更好的状态来照顾孩子。这是作为父亲的责任，我们义不容辞，而不是只等着被照顾、被伺候。相反地，我们还要在生活中为太太制造情趣和浪漫，这样家庭婚姻生活才能够美满，形成良性的正向循环。如果能够与家人培养共同喜爱的运动，那就更完美了！

大家都知道我是三个孩子的父亲。我经常看到很多网友的留言："刘教练，你们家庭氛围真好！""刘教练，好喜欢你家孩子跳舞的样子，太帅了！""小泡芙越来越漂亮了！""姗姗好可爱！"我非常感谢大家对我们家的喜爱，但是良好的家庭氛围是需要经营的。我从来都不会将带孩子的责任全部推给 vivi，因为在孩子的成长过程中，父亲扮演着非常重要的角色。

正所谓，男女搭配，干活不累。在我们家，我和 vivi 在家务分工上比较明确。交替负责辅导孩子的作业，一起照顾孩子的日常起居。艺术活动、画画、手工，她来安排；而户外活动或运动方面，当然是由我来出马制订计划！其实我和孩子们在每个阶段玩的游戏或者参与的户外活动都不同。在不同年龄阶段，我会带他们玩一些不同的小游戏，毕竟运动是一个渐进的过程，循序渐进非常重要。

通过游戏的方式逐渐引导他们进入运动模式，从小培养他们对运动的兴趣。

平常的日子里，大家经常会看到我分享孩子们的运动日常，例如"帮助孩子增高的三个动作""和宇恩 PK 街舞""和姗姗一起游玩"等。各位父亲完全可以效仿我的方式，带着孩子一起动起来，也可以刻意发起好玩的运动游戏。通过与孩子一同参与运动，我们不仅能够增进亲子关系，还能够共同享受运动的乐趣。这些做起来真的不难，不信你可以试试。

分享几个爸爸与孩子可以互动的日常小游戏，同时也是不错的运动方式。

人体小推车：这个游戏小泡芙小时候我们就玩过，可以增强孩子的手臂力量和肢体协调能力，还能促进孩子的前庭发育。让孩子趴在地上，爸爸站在孩子身后，然后双手抓起孩子的脚踝，将孩子下半身抬起，让孩子用手臂支撑地面，不要推，然后让他自己慢慢向前移动。注意要让孩子收紧核心力量，避免塌腰，以减轻手臂的承重力。

这个游戏比较适合 4 岁以上的孩子，这样的游戏不仅让孩子感到有趣和挑战，还能帮助他们培养核心力量和身体控制能力。但是一开始的时候孩子可能不懂得用力，爸爸还是要给孩子借一点力，慢慢地去引导，不断地给他鼓励！

人体小飞机：这是一种有趣的互动游戏，姗姗小的时候很喜欢玩，对于孩子的前庭功能发育、空间感知能力、平衡能力和身体协调性的提高有显著的帮助。在这个游戏中，爸爸平躺在地板上，抬起腿并弯曲小腿，用手扶住孩子的双手，上下缓慢移动小腿。孩子只需要趴在爸爸的小腿上，就能享受到自己仿佛在飞翔的快感。这样的游戏不仅能让孩子开心地大笑，还能培养他们的平衡能力和身体控制技巧。同时，这个游戏也有助于克服孩子的胆小和害怕情绪，让他们更加自信地面对挑战。

爬杆、吊单杠：现在很多公园里都会提供一些基础的体育设施。比如秋千、单杠、双杠之类的。周末也可以带着孩子们去公园，让孩子尝试爬杆、吊单杠。这些运动都有助于增强孩子身体的稳定性和灵活性，但做这些动作时一定要注意安全。刚开始，爸爸妈妈要在旁边保护着。

投篮、打篮球：这是一个适合各个年龄段孩子的互动游戏。大家都知道，除了健身，打篮球也是我的最爱。宇恩还小时，我就带着他到篮球场，即便他不会运球，我都会让他尝试和我一起投篮。现在的他已经可以和我一起在篮球场上并肩作战了，与儿子一起流汗的感觉真的很爽！除了对身体有益处，篮球运动还能培养团队合作、竞争意识和身体协调性。无论孩子是否已经掌握运球技巧，爸爸都可以带领他们一起尝试投篮。在投篮过程中，爸爸可以给予适当的引导和支持，这样的体验不仅促进了父子间的情感交流，而且能让孩子体验到自己的成长和进步。

随着孩子们的成长，与他们的互动游戏也可以有所变化。作为爸爸，我们应该更加关注孩子们的身体健康和心理成长。因此，我经常带着孩子们到户外活动，例如骑自行车。在小区内骑车可以锻炼孩子的身体活动能力，促进骨骼生长，提高协调性和肌肉力量。但是，我们需要确保行车安全，注意避让行人等。

平时周末，我们会到公园享受阳光，一起跑步、互相追逐、玩各种球。这种共同参与运动的方式让我们关系更亲密，共同享受运动带来的快乐，创造属于我们的美好时光！

最后，提醒大家，对于 5 岁以下的小孩子，不要过早让他们尝试陆地冲浪等过于激烈的活动，因为他们的筋骨还在发育阶段，存在损伤的风险。所以在选择活动时，要根据孩子的年龄和身体状况来合理安排，确保他们的安全和健康。

现在孩子们基本每天都生活在室内，很少有机会接触大自然。我认为，良好的运动教育还应该将他们带到大自然中去。我记得前段时间我带着家人一块去露营，呼吸新鲜空气之余，还好好地与孩子们来了一次深入谈话，进入他们的内心，彼此也成为更好的朋友。

如何让你的孩子爱上运动

探索新运动：假期要鼓励孩子们尝试新的运动项目。可以去当地的运动中心或社区组织参加体育课程，如游泳、篮球、足球、网球等。让他们体验不同的运动，发掘自己的兴趣爱好。也可以看一些运动题材的电影或动画，让他们对运动更有兴趣。

探索大自然：利用寒暑假的时间，带孩子们去远足、露营或郊游。在大自然中，他们可以体验到独特的环境和自然风光，同时也锻炼了身体和培养了对大自然的热爱。捡树枝、黄叶等活动，可以让他们有更好的观察力，然后回家还可以一起做手工。

家庭运动日：安排一天或一个周末，全家一起进行户外活动。可以选择骑自行车、徒步、打球或者进行一些家庭友好型的户外游戏。这不仅有助于锻炼身体，还能增强家庭的凝聚力。小孩们聚在一起，放着音乐，几个球都能玩很久，而且玩得很欢乐。

游泳 / 滑冰：暑假，带孩子们去游泳池或海滩游泳。游泳是一项全身运动，对身体的发展和健康有益。可以组织一些水上游戏，例如水球比赛或潜水比赛，增加乐趣和刺激。而寒假，可以带孩子们去冰场滑冰。

创造友好竞争：组织一些有趣的家庭比赛，例如家庭跑步比赛、二人三脚比赛或者击球比赛。通过这些比赛，可以培养孩子们的团队合作和竞争意识，同时享受一家人玩游戏的乐趣。

在家健身：在家里进行一些简单的健身活动，例如一起跳绳、跳操、跳舞或者进行室内运动。可以播放音乐，创造欢快的氛围，让运动成为全家共享的乐趣。

学习新技能：鼓励孩子们学习一些新的体育技能，例如直排轮、各种球类运动、滑雪、射箭等。这些技能不仅有助于锻炼身体，还能培养孩子的耐心、毅力和自信心。

教练 TIPS

这三套操，我希望你可以每天"卅练"！

男孩女孩们，现代生活中，长时间低头、久坐不动等不良习惯，很容易导致圆肩驼背、蝴蝶袖等体态问题的出现。为了帮助大家改善这些问题，我编了三套操，如果你之前跟我在直播间跳过，那么你一定知道它们有多么轻松好玩，又非常有效。即使没有跳过也没有关系，读完下面的部分，相信你一定可以直接学起来，把它们融入生活中，坚持下去。这并不需要高强度的训练，但可以逐渐让你接受运动，当你形成运动的习惯，反而会觉得不动不舒服。

第一套操：《公公偏头痛》
改善你的圆肩驼背

1 手臂外旋

起始姿势：站立，双脚与肩同宽，手臂自然下垂，手心向上，大拇指朝后。保持上身挺直，目视前方。

动作要点：慢慢旋转手臂，使大拇指向外，手心向上，同时保持小臂抬起，与地面平行着滑出去。在做此动作过程中，用力挤压背部肌肉，感受肩胛骨之间收紧。

2 手臂内外伸缩

起始姿势：站立，双脚与肩同宽，双臂位于身体两侧，手心向上。

　　　　　　　　　　　　　　　　　　　　练就自由

动作要点：慢慢伸展双臂，使手臂呈 W 状，手心向上，注意手臂与肩成一条直线，向后靠拢，直到感觉背部有挤压感。然后慢慢收回手臂，回收时手肘碰触背阔肌。在做此动作过程中，抬头挺胸，感受背部肌肉的拉伸和夹紧。

3 夹背动作

起始姿势：站立，双脚与肩同宽，双手向上伸直。

动作要点：双手往上抬起，与身体形成约 30° 夹角，同时往下拉，用力夹紧背部，感受肩胛骨之间的挤压。在做此动作时，适量调整手臂与身体的夹角，以感受斜方肌的拉扯感。

4 拉弓箭动作

起始姿势：站立，双脚与肩同宽，一只手臂抬起与肩平齐，另一只手与地面平行。

动作要点：一只手臂向后拉伸，使手臂形成拉弓箭的姿势，小臂与地面平行。另一只手臂向前推出，并与地面保持平行。在做动作的过程中，小臂的高度可根据个人情况调整，避免拉扯到斜方肌。

这套操结合了手臂外旋、内外伸缩、夹背和拉弓箭动作，能有效地激活、拉伸和加强背部、肩部以及上胸部肌肉力量。坚持练习这套操，能够改善圆肩驼背问题，增强背部肌肉的力量和柔韧性，让身体姿态更加挺拔优雅。每天只须花费几分钟的时间，坚持练习，你会逐渐感受到肩部、背部的变化，让我们一起摆脱圆肩驼背的困扰，拥抱健康的生活！

第二套操：臀腿操
锻炼肌耐力，优化臀腿线条和力量

以下四个动作将有助于增强臀部和大腿的力量，同时提高下肢的稳定性和灵活性。

1 髋关节内旋

起始姿势：双脚自然站立，膝盖与脚尖保持同一方向，手臂自然下垂，挺胸抬头，上身保持稳定。

动作要点：保持脚尖不动，让髋关节内旋，即双膝尽量向外打开。注意避免塌腰，保持臀部向后坐，感受臀部发力。确保膝盖不超过脚尖，同时注意身体不要左右摇晃。

此动作有助于激活臀部肌肉，特别是大腿内侧肌肉群，注意用正确的姿势进行练习。

2 深蹲

起始姿势：双脚打开与肩同宽，膝盖与脚尖保持同一方向。双手自然下垂，挺胸抬头，注意脊椎保持中立位。

动作要点：慢慢屈膝，使臀部向后坐，下蹲至臀部与大腿平齐或稍低。确保膝盖不超过脚尖，感受臀部和大腿的发力。注意保持上身稳定，不要左右摇晃。

深蹲是一项有效的臀腿锻炼动作，它可以增强大腿和臀部肌肉的力量，并提高下肢的稳定性。

3 单边压腿深蹲

起始姿势：双脚打开与肩同宽，膝盖与脚尖保持同一方向。一条腿向侧方伸展，支撑腿稍微弯曲。

动作要点：向下蹲，使支撑腿的臀部发力，同时保持另一条腿伸直并向侧方。确保膝盖不超过脚尖，感受臀部肌肉的夹紧。每侧重复 4 次。此动作有助于加强支撑腿一侧的臀部肌肉力量，增加下肢稳定性，同时还能锻炼另一条腿的伸展能力。

4 宽距提臀

起始姿势：双脚打开与肩同宽，膝盖与脚尖保持同一方向。双手自然下垂，挺胸抬头，上身保持稳定。

动作要点：踮起脚尖，臀部上提。注意不仅仅是小腿踮起，还要将大腿微微向上提起，使整个身体抬升。挤压臀部肌肉，感受臀部发力。这个动作可以有效地激活臀部肌肉，特别是臀大肌，增加臀部的紧致感。

通过正确执行以上四个动作，你将逐渐感受到臀腿部的变化和力量的增长。每天花几分钟的时间，关注动作的正确性，逐渐增加动作的次数和强度，你会发现自己拥有了更加结实有力的臀腿线条，迎接更健康、更自信的自己！

第三套操：《水手怕水》
改善手臂线条，甩掉蝴蝶袖

这套操是一组综合训练操，重点锻炼背部、胸肌和手臂的力量和稳定性，同时美化手臂线条。每个动作都有特定的重点和技巧。

1 手臂画圈动作

重点是手臂的动作和发力方式。起始时，大臂固定在水平面上，通过转动大臂和小臂，练习画圈的动作，注意手臂画圈时不要伸直。关键是用小臂推动手臂，让力量集中在推的方向上，避免只用手腕甩动。注意保持肩胛骨的稳定，使大臂保持水平位置，让小臂摆动。避免耸肩动作，让手臂绷紧并做出一个无穷符号的动作。

2 手臂绷紧上举动作

这个动作重点是力量集中在小臂上，大臂与肩齐平，上下舞动手臂，让力量在特定的方向上发挥，加强手臂的稳定性和控制力。同时，两脚向两侧有节奏感地踮脚迈步，左右两边跳。

练就自由

3 左右扩展动作

手臂略向下平举，然后向外侧伸展滑动，并重复此动作。双脚向外迈出，收回。重复交换动作。

4 扩胸动作

同时将双手向外伸展，小臂向上弯曲，手掌指向天空，手臂与地面平行。感受胸部肌肉的拉伸，不要耸肩，要放松肩颈。

5 射箭动作

想象拉东西的动作，将手伸直在胸前，往外推再拉回来，保持在水平面上做此动作。这个动作主要练习胸肌和背部肌肉，同时增强肩部和手臂的协调性。左右脚重心在跳操时交换。

拉伸训练:
动作简单，只要你愿意，就开始动起来

在这里，我想向大家推荐一套完整的拉伸运动，结合了动态拉伸和肌耐力训练，帮助你激活无力的肌肉群。动态拉伸是一种通过重复运动来使肌肉和关节进行全方位运动的方法。与被动拉伸不同，动态拉伸需要我们主动收缩肌肉，而不仅仅是将其拉伸到某个位置。

这套拉伸运动非常适合久坐上班族，不论是在家中看电视还是在公司电脑前，都可以随时随地进行。我和 vivi 也经常练习这套动作。我经常说，健身锻炼并不一定要去健身房或使用健身器械，其实在日常的家居生活中进行一些简单的拉伸运动同样有益身体健康。

腰胯放松拉伸的动作

双腿打开，比肩略宽，挺直背部，缓慢往下蹲。下蹲时注意脚底要平，脚趾不能抓地。

双手放在大腿内侧，双臂下压，将胯部撑开。

头往前看，坚持此动作两分钟，用鼻子吸气，用嘴巴呼气。

改善脖子前倾、"富贵包"的动作

双手举起放在头顶。注意不能放后脑勺，否则很容易拉伤颈椎的肌肉。手放在头顶时，颈椎感受的压力较小，相对比较安全。

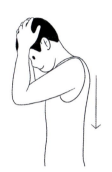

双手放在头上慢慢往下拉，拉到极限，保持两分钟，用鼻子吸气，用嘴巴呼气。注意保持背部挺直，让拉伸感强烈一些。

在呼气的时候试着找极限，把头部再往下拉一点点。

缓解网球肘、手腕不适的动作

双手支撑在平面（地面、桌面、椅子等）上，手指向后，注意手臂打直，不能弯曲。

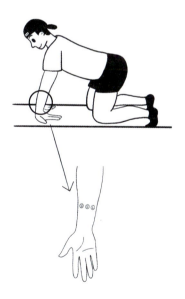

如果拉扯感不强，可以将手与膝盖距离拉大，缓缓往后坐，切记不要往下压，而是往后推。感受整个手臂的拉扯，保持深呼吸 2 分钟。如果拉扯感不强，可以将身体在可承受范围内向后推。

在离手腕大约 4 个手指宽的距离有三个按压点，依次按压这三个点，每次 10 ~ 15 秒，重复4 ~ 5 次。

我曾经登上顶峰，
而接下来我要面对的突破、
困难，
不过是下坡之后调整自己，
整装待发，
再上一个高峰。

我知道
在这个过程中我需要的不是
"吃苦当吃补"
那种苦大仇深的情绪，
更不是焦心和忧虑，
也不是将其
当作险恶到无法跨越的境遇，
而是我又可以有机会很好地认
识我自己的身体，
帮助我到达下一个山巅。

美好回忆造成的错觉，
控制了你的大脑和食欲。

让美好的
事情与食物产生关联，
就可以刺激食欲。

食材新鲜大过于一切。
你不必赶走黑暗，
只要有光，
黑暗自然会消退。
你不用赶走垃圾食品，

只要让自己
在真正美好的场景和
环境中吃到真正好吃的美食，
如此，
你自然就会爱上美食。

唯有
认识自己的身体,

你才能
够更了解自己。

后记

自从我在小红书上告诉各位男孩女孩我要出版新书了以后，短短一段时间内，就收到了大量信件。我请编辑帮我整理好所有的信件后，发现竟然有十几万字。

每一封信都是你们的真实情感与努力的结晶，每一段文字都透露着你们的坚持、改变和成长。看着你们的文字，我仿佛能感受到你们的汗水，感受到你们的坚持。你们在不同的国家、不同的生活背景下，却有着共同的目标：追求健康、积极向上的生活态度，以及面对挑战时拥有不屈不挠的精神。

真诚地说，你们的信件是我每天的动力源泉，支持我前进，也是我们畊练团的骄傲。

我仔细阅读了这些信件，被大家的热情、向上和真诚深深打动。我切实地看到了大家的改变，更加觉得自己的工作非常有价值、有意义。感恩有你们。你们的坚持和付出，不仅仅改变了你们自己的生活，也感染着周围的人，传播着正能量。我可以感受到你们的快乐、自信和满足。每一封来信都是一份珍贵的礼物，是你们对我和整个畊练团的信任和支持。

来信的朋友中，有的很年轻，有的比我岁数还要大；有的来自国内各城市，也有的来自许多海外国家。我还记得：

有位来自马来西亚的朋友，因为患有糖尿病，在医生的嘱咐下，决定迎接减重的挑战。她从控制饮食开始，逐渐加入锻炼，通过坚持不懈的努力，成功减去了 27 公斤，心脏负担减轻了，她也变得更加健康了。

有位朋友被多囊卵巢综合征困扰多年，尝试了各种方法却未见效。然而，在畊练一段时间后，她的身体状况发生了积极变化。慢慢地，从累到眼冒金星，到全程跟完，她不仅恢复了正常的生理周期，体重和体脂率也都有了显著下降。

有位朋友查出患有癌症，但她没有放弃畊练，坚持咨询医生，积极接受治疗，在医院发来穿刺结果的时候，她还在跳《周大侠》，努力用拳头打走病魔。所幸手术后，她恢复得很好。

有位朋友，从年龄来说，我可以叫"姐姐"，她定下了五国十城的跳操打卡目标，还在雅典的海边跳完了《我要夏天》。

有位朋友是医院的工作人员，在过去三年那段痛苦的日子里，工作十分辛苦，她承受着非常大的压力，体重却逐渐增加，还查出了脂肪肝。后来她偶然来到了我们的直播间开始跳操，循序渐进地跟着一起运动，在这个过程中还找到了自己的"减肥搭子"，体脂率从45%降到了30%，人也变得自信了起来。

有位在科技公司工作的朋友，曾因工作出现抑郁症状和压力进食行为，一年之内长胖了40斤。开始畔练后，从一开始气喘吁吁地"划水畔"，到每一个动作都能找到发力点，越来越标准，现在每一天，运动都成为其生活中自然而然的一部分。

还有好几位朋友，都提到因为小时候的经历、因为家庭环境、因为生活的重担，他们都曾有过抑郁的状况或轻生的念头。但只要进了直播间，动起来，就能暂时忘记烦恼，很多时候，运动之后，心情不知不觉地也变好了。

这些例子，都在诉说着一个共同的主题：坚持和改变。改变，是我们畔练的目标，也是我们畔练的结果。改变不仅仅是外在的，更是内在的。改变不仅仅是个人的，更是社会的。改变不仅仅是现在的，更是未来的。

还有太多太多的故事，我没有办法在这个短短的后记里一一提到，但大家勇敢的分享，坦诚的倾诉，都让我和vivi，以及畔练村里的大家，非常非常感动。

我很荣幸能够和你们一起见证这些改变，也很感激你们能够和我分享这些改变。你们的信件，让我看到了你们的成就，也让我看到了你们的困惑。你们的信件，让我感受到了你们的喜悦，也让我感受到了你们的挑战。你们的信件，让我明白了你们的需求，也让我明白了你们的期待。

我想告诉你们，无论你们遇到什么困难，无论你们有什么疑问，无论你们处于什么状态，我都会一直陪伴着你们，支持着你们，鼓励着你们。我希望我的直播间，能够成为你们的一个港湾、一个家园、一个乐园。我希望我的直播间，能够给你们带来快乐、健康、自信和力量。我希望我的直播间，能够让你们认识更多志同道合的朋友，一起畊练、一起进步、一起成长。

这本书的名字叫《练就自由》，这是我的理念，也是我的愿景。我相信，通过锻炼和跳操，我们可以练就自由。自由不是无拘无束，而是有选择、有控制、有创造。自由不是逃避现实，而是面对挑战、解决问题、实现梦想。自由不是孤立存在，而是互相连接、互相影响、互相促进。

我邀请你们一起加入我的自由之旅，一起练就自由。无论你是谁，无论你在哪里，无论你想要什么，只要你有心，只要你有行动，只要你有勇气，就没有什么不可能。让我们一起练就自由吧！

最后，我和畊练团的各位要再次感谢你们对我们的支持和信任。没有你们，也就没有今天的我，就没有这本书。你们是我的动力，也是我的幸福。你们是我的家人，也是我的朋友。你们是我的学生，也是我的老师。

请记住，无论何时何地，无论遇到什么困难和挑战，无论需要什么帮助和支持，都请相信刘教练永远在你身边！

你们的教练：刘畊宏

2023 年 8 月

写在最后

在疫情期间，上亿人都曾来过我的直播间或通过视频跟着我和婉霏跳操、运动，如今大家已恢复原来的生活，回归工作、学业，可以旅游，可以玩乐……有一部分人，即使忙碌也都还继续坚持跟着我们跳操，不论是跟着直播还是录播。他们已经养成了习惯，习惯与我们互动，习惯健康的生活方式，也有一部分人在直播中听我的分享，提升身体的运动表现能力之后开始参与各项的体育球类的竞技运动，或是重拾他们原本就擅长的运动。运动融入在他们的生活和工作中，他们依旧偶尔看看直播跟我跳操。

但是，还有一群曾经跟我跳操运动的人，当不需要再宅在家中，恢复了日常生活之后，他们再次被工作、学业、忙碌的生活捆绑住了。有些人遇到我时就跟我说，他们曾经跟我跳操，当时在身体、心理上有了很多改变，现在受种种因素影响，不能再跟我跳操了，也没有时间运动，身体健康和身材又开始走下坡了。我当时笑了笑，轻松地回应他们说："很可惜……期待你们能再回来……"

可我心里知道这很不容易，如果没有机会常常听我在耳边激励或叮咛，又因为忙碌或压力而精神疲劳，导致身体、心理上的懒惰，那么恶性循环一旦产生，真的很不好对付。为了拯救这群人，我和婉霏还有团队的伙伴，不断在我们的直播间变换一些风格、造型，尝试搞笑，邀请嘉宾参与，不断在内容上更新，来吸引这些人回来跳操运动，确实有些人再回来跟直播跳操，决定继续坚持跟我们健身，但是也真的有许多人，看完之后还是深陷在现实世界忙碌的浪潮里，无法自拔。

我出这本书，其中一个很关键的原因也是在此，若是他们有机会看到这本书，能够看懂《练就自由》，就能了解健身、运动对我们生命的重要性和真正意义是什么！若是他们看完，观念被扭转过来，他们就会再有新的机会，在忙碌的生活中开始行动和改变，那会有多棒，哪怕就只有一个人，我这本书的出版都很值得。

很多人跟我说，你其实不必要这么累。有了现在的知名度，我应该可以在工作上轻松一点，有时我也想，但我一想到上天给了我一个非常特别的机会，让这么多人能跟着我运动跳操，让许多本来不运动的人，动起来了，让许多陷入人生低潮的人，振奋起来了，这一切的一切，史无前列。我不能辜负这样的拣选，在我有生之年，我有责任和使命要去完成全民健身这件事，用各样的方法，继续帮助人拥有健康的生活方式，我一个人的能力有限，如果你也愿意，欢迎跟我们一起带动周遭的家人和朋友动起来，相信当大家会"练就自由"，也会知道健身就能改变人生！